Manfried Fischer

AF672494

Nanne, die Königin von Saba
Eine Weise von Liebe und Tod

Nanne, die Königin von Saba
Eine Weise von Liebe und Tod

von

Manfried Fischer

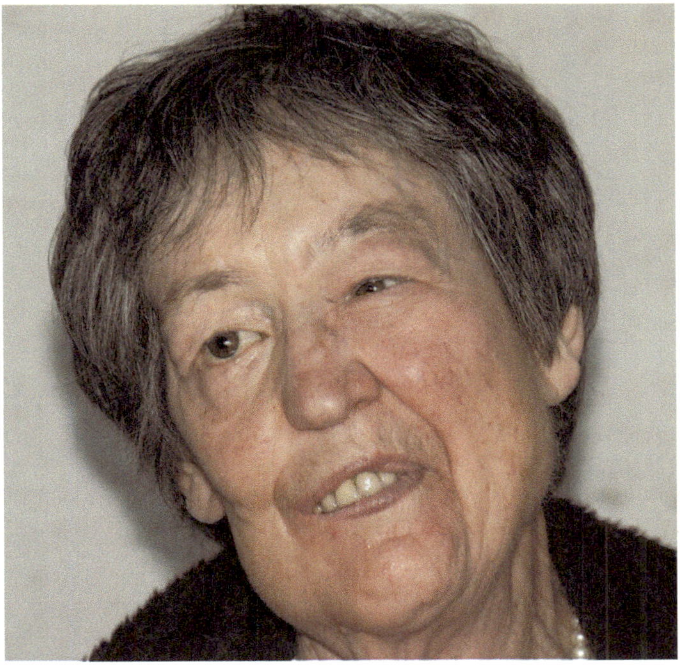

Rediroma-Verlag

Bibliografische Information der Deutschen Nationalbibliothek:
Die Deutsche Nationalbibliothek verzeichnet diese Publikation in der Deutschen Nationalbibliografie; detaillierte bibliografische Daten sind im Internet über http://dnb.ddb.de abrufbar.

ISBN 978-3-96103-425-3

www.rediroma-verlag.de
10,95 Euro (D)

Gewidmet dem Menschen mit dem Wunsch:
Daß er Freude habe an seinem Leben, daß er sich seiner Verantwortung für alles Leben bewußt ist und danach handelt, daß er seine Brüder und Schwestern achtet und ihnen in Liebe begegnet.

Der Mensch

Empfangen und genähret vom Weibe wunderbar
Kömmt er und sieht und höret und nimmt des Trugs nicht wahr;
Gelüstet und begehret und bringt sein Tränlein dar;
verachtet und verehret, hat Freunde und Gefahr;
Glaubt, zweifelt, wähnt und lehret, hält nichts und alles wahr;
Erbauet und zerstöret; und quält sich immerdar;
Schläft, wachet, wächst und zehret; trägt braun und graues Haar etc.
Und alles dieses währet, wenn`s hoch kommt, achtzig Jahr.
Dann legt er sich zu seinen Vätern nieder
Und er kömmt nimmer wieder. *

Matthias Claudius

*) Aus einer von Herbert Kromann zu meinem 60sten Geburtstag zusammen gestellten „literarischen Lebensreise".

Zum Geleit

Liebe Leserinnen und Leser, liebe Freunde!

Zunächst begrüße ich nach alter Väter Sitte Dich/Euch alle mit einem herzlichen bayerischen Grüß Gott! Ich bin sehr erfreut, daß Du Dich für mein Büchlein interessierst und es schon mal in die Hand genommen hast. Es ist das Ergebnis meines Versuchs, die aus meiner Sicht wesentlichen Begebenheiten, Gedanken und Konnotationen aus dem ersten Jahr meines Witwerdaseins festzuhalten.

Wie Du feststellen wirst, ist dabei ein ziemlich unspezifisches Sammelsurium herausgekommen, was angesichts der Ausgangslage auch nicht besonders verwunderlich ist.: der Tod des geliebten Partners ist nach meinem Empfinden der absolute Super-GAU, der so einfach nicht auf der Rechnung steht. Das gilt mehr oder weniger für alle Lebensbereiche, und ein „weiter so“, das so oft unsere schmerzloseste Zuflucht zu sein scheint, ist schlichter Selbstbetrug. Davon, das ist vielleicht die schmerzhafteste Erkenntnis, ist ohnehin ein beträchtlicher Haufen aufzuarbeiten, wenn die bisher weitgehend sakrosankte Hauptrolle in sich zusammengefallen ist. „Das Spiel ist aus“, und dieses Mal ist es kein Theaterstück!

Die Frage liegt nahe: sollte man die schwärende Wunde nicht besser in Ruhe lassen, als sich ständig mit ihr zu beschäftigen? Sie ist vordergründig leicht zu beantworten. Tue das, was dir am besten weiterhilft. Ich für mich glaube zu wissen, daß meine Schreiberei die beste, vieleicht einzige Form ist, für die weiterhin bohrende Frage nach dem Sinn meines Daseins eine mindestens befriedigende Antwort zu geben, sozusagen als erster Schritt meiner Trauerarbeit.

Aber gilt das auch für Dich, lieber Leser? Was hast Du mit diesem Tod, dieser Episode zu schaffen? Du findest vielleicht den Schlüssel in dem Untertitel, den ich meinem Büchlein mitgegeben habe: **eine Weise von Liebe und Tod** .

Es geht in dem Buch nicht nur um einen schlichten Nachruf und um eine Dokumentation des letzten Teils der irdischen Reise dieses einen Menschen, es geht auch nicht nur um eine Betrachtung ihres gesamten Lebens, dessen besondere Strahlkraft ich für ihre Kinder und Enkelkinder noch eine kleine Weile erhalten möchte. Mein Untertitel, die Älteren unter meinen Lesern werden das sicher wissen, greift zurück auf die Erzählung von Rainer Maria Rilke, *Die Weise von Liebe und Tod des Cornets Christoph Rilke*, die er im Januar 1899 in Berlin geschrieben hat. Das kleine Büchlein galt damals als das Kultbuch der Soldaten im ersten und zweiten Weltkrieg und gehörte auch in meiner Jugend zu den Büchern, die man als Bildungsbürger unbedingt gelesen haben mußte. Es war vermutlich kein Zufall, daß es als die Nummer 1 der vom Inselverlag herausgegebenen Taschenbuchreihe, ich glaube, es war die erste Reihe dieser Art, und auch sie hat damals Kultstatus erreicht, Anfang des 20sten Jahrhundert erschien. So war es auch bei uns selbstverständlicher Bestandteil unserer Bibliothek und blieb es auch bis zu unserem Umzug nach Bernried im Jahr 2005, bei dem wir Teile unserer stark angeschwollenen Büchersammlung auflösen mußten. Soweit ich mich erinnere, galt das Interesse an dem Büchlein von meiner Frau und mir vor allem dem Verfasser Rilke, den wir beide sehr verehrten; der patriotische Inhalt der Geschichte, die im Krieg gegen die Türken in der Mitte des 17ten Jahrhunderts spielte, dürfte dagegen nach der Beendigung des zweiten Weltkriegs kein Beweggrund mehr für seine Lektüre gewesen sein.

So ist meine Anleihe bei Rilke überwiegend aus meinem Bestreben erwachsen, wie er, Liebe und Tod in einem Buch zu vereinen und das auch im Titel zum Ausdruck zu bringen.

Sicher war ihr Tod der eigentliche Auslöser für meinen Versuch, ihre Person und Leben in der Rückschau zu würdigen. Erst beim Schreiben entdeckte ich so recht, daß ich zwar in den meisten meiner autobiographischen früheren Büchern von meiner Frau Marianne erzählt habe, aber eher so beiläufig, wie man eben von einem festen Bestandteil seines Lebens spricht, ohne ihn aber in seiner Einmaligkeit und Besonderheit heraus zu stellen. Und obwohl wir beide unsere Liebesbeziehung immer als den wichtigsten Bestandteil unseres Daseins angesehen haben, stand eine literarische Verdichtung bislang nur in Form von „geheimen Tagebüchern" verschlossen in meinem Archivschrank zur Verfügung. Wäre nicht jetzt der Zeitpunkt gekommen, die bisherigen Bedenken gegen eine Veröffentlichung der Tagebücher mit ihrem teilweise sehr intimen Inhalt beiseite zu schieben und im Nachsinnen über das Wesen meiner Frau und unser gemeinsames Leben das Versäumte nachzuholen?

Dabei schob sich mehr und mehr der Gedanke in den Vordergrund, daß in jedem Leben auch eine Botschaft für die Umgebung heranwächst, die weitergegeben und im großen Erfahrungsschatz der Welt erhalten werden will. Da ich aus unserem Freundeskreis oft zu hören bekomme, daß mir wohl das Talent zum Schreiben schon in die Wiege gelegt worden sei, und außerdem von meinen Eltern immer wieder eingebleut bekam, daß man mit seinen Talenten wuchern solle, frage ich mich häufig, ob ich deshalb nicht sogar eine Verpflichtung habe, diesem biblischen Wuchergebot nach zu kommen. Denn das Beispiel, das sie ihrer Umgebung mit der Art, wie sie ihre Probleme gemeistert hat, kann auch anderen Leidensgenossen hilfreiche Hinweise zu einer positiven Lebensgestaltung geben.

Kurzum, das Ergebnis des Streits der zwei Seelen in meiner Brust ist ja nun in der Dir vorliegenden Liebesgeschichte handgreiflich geworden, so daß ich Dich, lieber Leser, einladen darf, mit mir unser Lebensschiffchen zu besteigen und uns noch einmal eine gute, noch unbekannte Etappe auf unserer Reise zu begleiten. Da es sich dabei um eine Reise ins Glück handelt, schlage ich als Gefährt eine Gondel vor. Aber keine Angst, meine kleine Barcarole bezieht sich nur auf den ersten bisher unbeschriebenen gemeinsamen Lebensabschnitt, also die sieben Jahre vor unserer Hochzeit, und von allzuviel Gemeinsamkeit konnte in dieser Zeit keine Rede sein, währte diese im Durchschnitt nur etwa dreißig Tage, wohlgemerkt pro Jahr. Um die Tatsache, daß auch in meinem Buch (wie im Film) die Gondeln letzten Endes Trauer tragen, komme ich – und damit Du, lieber Leser - aber leider nicht herum, denn auch die letzte Fahrt der Asche meiner Frau fand in einer Gondel statt, wobei unsere Familie sehr darauf geachtet hat, daß die Trauer die Abschieds-Szene nicht dominiert hat, - so wie ich auch nicht vorhabe, mir von Gevatter Tod meinen üblichen, manchmal etwas respektlosen Schreibstil verbieten zu lassen

Und vielleicht findest Du ja auch, wie ich, an dem Gedankenspiel Vergnügen, daß meine Wahl der Barke der venezianischen Gondolieri nicht gar so weit hergeholt ist. Denn dieser Inbegriff des Liebesschiffchens in Film und Literatur ist mit Prinzessin Adelaide von Savoyen über die Alpen geschwappt, als der Wittelsbacher Herzog Ferdinand Maria sie und damit die höfische Prunksucht Norditaliens Mitte des 17. Jahrhunderts ins kalte Bayern lockte. Während man auf dem bayerischen Fürstensee, an dem wir jetzt wohnen dürfen, mit dem daraufhin nachgebauten Bucentaur und einer Vielzahl von Begleitschiffen einige Jahrhunderte lang rauschende Feste feierte, pflegte man, was weitgehend vergessen ist, auch auf den Kanälen um Nymphenburg und Schleißheim herum das Vergnügen der Schiffahrt mit venezianischen Gondeln.

Das Geheimnis, das hinter dem Titel *Nanne, die Königin von Saba* steht, wird in meinem Buch selbst gelüftet und bedarf somit keiner weiteren erklärenden Vorrede.

Dann aber, und das vor allem ist ja wohl auch von Rilke gemeint, weitet sich die Landschaft zum Ende der Reise in auch von mir zunächst nicht erwartete Breite und Tiefe, gibt Aus- und Einblicke in andere Sphären und gewinnt so etwas wie Allgemeingültigkeit, will sagen: Bedeutung für Jedermann. Wie immer verdanke ich diese Hinweise dem wunderbaren Regisseur, der es versteht, mir zur rechten Zeit die passenden Kontexte bereit zu stellen, die solche Szenen- und Bedeutungswechsel möglich machen.

Jetzt hoffe und wünsche ich sehr, daß Du Dich, lieber Leser, nicht abschrecken läßt vom Titel meines Büchleins, sondern es Dir mit Vergnügen und innerer Bereicherung zu Gemüte führst.

AUFTAKT

„Es schneit. Zum ersten Mal in diesem Winter. Heute, am 15. November 1954 beginne ich diese Aufzeichnungen.

Ursprünglich dachte ich, nur für mich zu schreiben. Um festzuhalten, wie es gewesen ist. Aber schon als ich die ersten Zeilen schreibe, bin ich überzeugt, daß ich nicht für mich schreibe, sondern für Dich – oder doch wenigstens für uns; im Grunde gibt es ja nichts mehr, was ich für mich allein tun könnte, ohne an Dich dabei zu denken. Und falls es mir gelingt, nicht nur Worte aneinander zu fügen, sondern wirklich etwas zu sagen, dann werde ich glücklich sein, Dir, meiner Liebsten, damit eine Freude zu machen.

Gestern versuchte ich vergeblich, Dir einen Brief zu schreiben. Nach drei Seiten wußte ich, daß Du enttäuscht sein würdest. Bevor ich es noch einmal versuchen wollte, kramte ich in meinem Schreibtisch und blätterte in den Notizbüchern der letzten beiden Jahre. Es ist ja bisweilen so, daß man sich in der Vergangenheit zu treffen sucht, weil die Gegenwart ein Sich-Treffen nicht zuläßt. Dieses Zurückleben ist tröstlich und beschämend zugleich. Tröstlich, weil die Vergangenheit so viel Schönes birgt – manches davon erfaßt man sogar erst nachträglich ganz -, beschämend, weil vieles davon blaß geworden ist oder gar schon verlöscht ist.

Auch gestern war es so. Und ich bedauerte, daß die kleinen Taschenkalender nur spärliche Stichworte enthalten. Ich möchte so gerne all das Wunderbare, Gemeinsam – Erlebte mit beiden Händen festhalten, ist es doch unser Persönlichstes, Ureigenstes, der Beginn eines neuen, ja, des Lebens überhaupt, denn Leben für sich allein ist ja nicht wert, so genannt zu werden.

Wenn ich versuche, etwas über unsere Liebe zu schreiben, so steht der Versuch von vorne herein unter dem Verdikt

„unmöglich“. Denn unsere Liebe kann mit Worten nie bis ins Tiefste erfaßt werden, denn ihr Tiefstes ist Geheimnis. Rätsel sind da, um gelöst zu werden, ein Geheimnis ist dazu da, um darin zu leben und sich, immer tiefer eindringend, darin geborgen zu fühlen.

Noch ein anderer Grund drängt mich zu diesem Beginnen; ja, es ist sogar der Hauptgrund: es ist das so schmerzliche Bewußtsein, nichts für unsere Liebe tun zu können. Andererseits fühle ich, daß allein diese Liebe mich ausfüllen kann – und das Schreiben ist ja jetzt die einzige Ausdrucksmöglichkeit.“

Dies sind die ersten Seiten einer fünfbändigen Tagebuchreihe, die ich im Alter von neunzehn Jahren zu schreiben begonnen habe. Das noch sehr gut erhaltene Krokodilleder, in dem sie gebunden sind, verrät, daß sie nur ganz selten in die Hand genommen worden sind, wie es dem Charakter von „geheimen Tagebüchern“ ja auch entspricht; das schon reichlich vergilbte Pergamentpapier, auf dem sie mit blauer Tinte per Hand geschrieben sind, kann ihr Alter von über sechzig Jahre dagegen nicht verbergen. Doch jetzt, wo ich sie wieder lese, ist es, als ob sie aus einer unendlich lang zurück liegenden Vergangenheit vom grellen Strahl eines Bühnenscheinwerfers ans Licht gezerrt sind, mir selbst entfremdet, etwa so, als ob ein verblichenes Foto, das einen kaum noch zu identifizierenden blonden Jungen zeigt, einem plötzlich aus einer verstaubten Kiste entgegenspringt und einen selbst eher ratlos zurückläßt

Und doch meine ich gleichzeitig, ich hätte diese Zeilen eben erst geschrieben.

Bei näherem Zusehen wird jedem klarsinnigen Beobachter deutlich werden, wie ähnlich die Situation des jugendlichen Liebhabers von damals, der seine Geliebte nur schriftlich erreichen kann, und die des nicht mehr ganz jungen Witwers von heute, der sie nun nicht mehr erreichen kann, ist: nichts für die Liebe tun zu können. Schreiben ist in beiden Fällen ein Ausdruck reiner Notwehr, der Versuch, einem realen „Unmöglich" ein papierenes Surrogat entgegen zu setzen, auch wenn, ja, vielleicht gerade weil es wehtut. Ich bin mir durchaus bewußt, daß diese meine Notwehr-Reaktion deutliche Zeichen von Masochismus enthält. So wie man nach einer Zahnoperation immer wieder der Versuchung erliegt, mit der Zunge in der frischen Wunde zu puhlen, um festzustellen, daß sich da nur ein gigantisches Loch befindet.

Was kann ich einer derartigen Erkenntnis etwa eines Erstsemesters in Psychologie an vernünftigen Argumenten entgegenhalten, es dennoch zu tun?

Vielleicht am ehesten die nicht sehr überzeugende Ausrede, der Nachwelt, im Wesentlichen also der Familie, etwas zu erzählen, von dem man glaubt, daß es erzählenswert ist, weil man es am eigenen Leib als einmalig erlebt hat, und nun der Versuchung erliegt, den Strahl des unablässig kreisenden Leuchtturms zum unbezweifelbaren Zeugen des sich scheinbar in alle Unendlichkeit fortsetzenden nostalgischen Ereignisses zu nehmen. Ich lasse dieses sprachliche Geschwurbsel als Zeichen meines selbstkritischen Bewußtseins hier einfach mal so stehen. Mag damit ersichtlich sein, daß der „alte Weltverbesserer" seinen Versuch immer noch nicht aufgegeben hat, seine mühsam errungene Lebenserfahrung als den legendären Stein der Weisen auszugeben. Der Leser, der seinen Autor schon einige Zeit kennt, vermutet deshalb richtig, daß es bei diesem Versuch, seine Botschaft der Nachwelt zu hinterlassen, erneut um die „Weltformel" geht, wie sie Albert Einstein in seinem Brief an seine Tochter Lieserl beschrieben hat, oder auch um das, was Paulus in seinem ersten Brief an die Korinther als das höchste aller Güter bezeichnet hat, letztlich, was der Autor für sich selbst als die Quintessenz seines Lebens gefunden hat: **die Liebe.**

Doch, es scheint mir durchaus eine Warnung an Dich, lieber Leser angebracht zu sein: es geht um den „x-sten“ von zigtausend anderen Versuchen, der Macht der Liebe durch die Erzählung eines Einzelfalles ein wenig neuen Glanz zu verleihen. Was aber kann dem schon millionenfach in dieser Richtung Durchprobierten an Neuem noch hinzu gefügt werden? Ein ziemlich aussichtsloses Unterfangen!

Der Anlaß ist ja außerdem ein trauriger, es ist der Moment des „bis daß der Tod Euch scheidet“ unseres kirchlichen Treueversprechens, der Moment des Sartres`schen „Das Spiel ist aus“, der Moment auch für den ganz persönlichen Versuch, einen Schlußstrich zu ziehen und eine Bewertung zu wagen, was nach einem gelebten Leben aus dem ungestüm dahin brausenden jugendlichen Wahn geworden ist. Sicher, niemand zwingt mich dazu. Es ist eine Auseinandersetzung mit mir selbst; eigentlich etwas fürs stille Kämmerlein. Daß ich Dich daran teilnehmen lassen will, ist eine Konsequenz aus meinen inzwischen sieben veröffentlichten Büchern, in denen ich versucht habe, „den Fall Hermann-Friedrich, alias Manfried Fischer“ nachvollziehbar zu machen; es verlangt einfach der bisher schon formulierte Krankenbericht, - einmal davon ausgehend, daß jeder Mensch in seinem Lebenslauf einen solchen hat - schließlich noch nach einem definierten Ende, am besten mit dem Ergebnis der Autopsie. Nun, ich weiß, das ist verfrüht und übertrieben, aber nach dem „exitus“ interessiert sich eh kaum noch jemand für den in der Regel damit abgeschlossenen Fall. *Hic Rhodus, hic salta,* haben sie im alten Rom gesagt, etwas frei übersetzt: hier und heute mußt Du springen!

Nachdem ich nun schon eine Zeitlang einen Modus vivendi für mein Vorhaben suche und mit dem Ergebnis immer noch nicht so recht zufrieden bin, wird mir bewußt, daß ich dabei bin, Unvereinbares miteinander verheiraten zu wollen: einerseits eine Liebesgeschichte zu erzählen, Motto „ein Hoch auf die Liebe“, andererseits einen Nachruf für meine Frau mit dem Schwerpunkt Tod und Beerdigung zu schreiben. Daß da abrupte Stimmungswechsel vorprogrammiert sind, ist wohl nachvollziehbar. Wenn Du, lieber Leser, diese Reise mitmachen möchtest, muß ich Dich fairerweise auf eine ziemlich ruppige Wegstrecke vorbereiten; *Stilbrüche sind da im Preis inbegriffen,* wie ich normalerweise im lockeren Plauderton vermutlich formulieren würde, jetzt aber Hemmungen habe und nach Seriöserem suche. Ich bitte also im Vorhinein um Deine Nachsicht, wenn die Gondel da gelegentlich ins Schlingern kommt.

Das begann schon bei der Suche nach meinem Titel, der zunächst *„Liebe, die Botschaft eines Steines“* heißen sollte und als Fortsetzung des Titels *„Freude. Die Botschaft des kleinen Königs*“ gedacht war. Auf der Suche nach einem Symbol, das dem Besucher des Grabmals meiner Frau etwas von ihrer Wesensart vermitteln könnte, bin ich auf den Stein gestoßen, den ich ihr vor zwölf Jahren mit der Bemerkung „das ist ein wunderschönes Symbol für Dein Wesen“ geschenkt hatte. Der von außen unscheinbare Stein gibt, in zwei Hälften gebrochen, innen den faszinierenden Blick auf einen im Vulkan geschmolzenen Opal frei. Ich habe ihn nicht selbst gefunden, aber sofort, als ich ihn im Regal eines Schmuckladens im Hotel Oceano auf Teneriffa entdeckte, seine Botschaft ***„alle Herrlichkeit ist innerlich“*** verstanden, die mir als Titel eines Buches von Bruce Marshall seit etwa Mitte der fünfziger Jahre ein fester Begriff war. Auch meine Frau hatte das Buch gelesen und wir hatten des öfteren miteinander darüber gesprochen, ohne freilich zu ahnen, daß der Titel einmal eine so unmittelbare Bedeutung in unserem Leben spielen würde, denn zum damaligen Zeitpunkt war sie noch nicht von der Krankheit gezeichnet, das heißt, auch äußerlich eine bemerkenswert schöne Frau. Und dieser Stein ist – ähnlich wie „der kleine König“ in meinem Buch „FREUDE“ – für mich zum Träger einer Botschaft geworden, eben der Botschaft von der LIEBE in Gestalt eines weit offenstehenden Herzens.

Als ich mich später etwas eingehender mit Edelsteinen und ihrer Bedeutung befaßte, erfuhr ich, daß der Opal schon bei den alten Griechen verehrt wurde und als wertvoller als ein Diamant galt. Von Plinius dem Älteren ist der Ausspruch überliefert: *ihm ist ein Feuer zu eigen, feiner als das des Karfunkels, er besitzt den purpurnen Funken des Amethysts, das Seegrün des Smaragds und eine überhaupt unglaubliche Mischung des Lichts.* Im alten Rom galt er als der Stein der Liebe und der Hoffnung und wurde zur Steigerung der Lebensfreude getragen. Und in der Meditation sollte er dazu verhelfen, die wahre Liebe zu finden.

So weit, so gut.

Daneben ist da aber noch ein anderer Punkt zu nennen, den ich mit meiner Frau zu ihren Lebzeiten mehrfach diskutiert habe, und zwar kontrovers, etwas, was nicht oft vor kam in unserer Ehe: es ging um die Frage, ob die weit in unserer Intimsphäre angesiedelten Tagebücher für eine Publikation geeignet seien. Sie hatte da eine ganz klare Meinung: *nein, das geht niemand außer uns Beiden etwas an.* Ich kam dagegen mit dem Impuls, von dem kostbarsten Schatz, den wir für unser Leben gefunden hatten, auch Anderen Kunde zu geben, nicht an. Zur Entschärfung dieser Patt-Situation schlug sie vor, die Frage bis nach ihrem Tod zurück zu stellen. Nun, jetzt habe ich die alleinige Verantwortung für die Entscheidung. Bei der Abwägung der verschiedenen divergierenden Aspekte *Selbstbeweihräucherung, schriftstellerische Arroganz, Leuchtturmgehabe,* und was da alles ins Feld geführt werden kann, setzte sich letztlich bei mir die Vorstellung durch, manchen meiner Lesern und Leserinnen ein Geschenk damit machen zu können. Das ist keine leere Floskel, ich denke in der Tat bei meinem Tun ganz konkret an einige Personen in meinem Freundes- und Leserkreis, denen ich mein Buch widmen und ganz besonders als einen Freudenbringer ans Herz legen möchte.

Die Tagebücher handeln von den ersten sieben Jahren unserer Liebe und enden vor der endlich bevorstehenden Hochzeit. Wir begannen mit ihr ja erst, unseren Traum zu leben und die „Ersatzdroge Schreiben" verlor ab da ihre Daseinsberechtigung. Was aus dem damit beginnenden „Ernstfall" geworden ist, steht meinem Leserkreis weitgehend vor Augen beziehungsweise ist meinen bisher veröffentlichten Schriften zu entnehmen und soll hier nicht wiederholt werden. Doch will ich unseren weiteren Lebensweg wenigstens stichwortartig skizzieren und mich dann nur noch kurz mit den letzten 12 Jahren nach unserem Umzug nach Bernried befassen, ein letzter, noch weitgehend unbeschriebener Höhepunkt unseres, trotz aller leidvollen Prüfungen weithin glücklichen Lebens. Der in seiner Gestaltung durch unsere Familie sicher nicht alltägliche Abschied von ihr wird schließlich die Dokumentation ihrer Beerdigung sein, die zu einem vielleicht für Manche provokanten, für mich aber zu einem stringenten, krönenden Abschluß ihres Lebens geriet. Dieses stand von Anfang unter dem Motto

Lux amoris semper manet.

So lautet auch die Botschaft auf einem Amulett von Deodat von Kleist, das ich meiner späteren Frau schon zu Anfang

unserer Beziehung geschenkt habe. Als „Lateiner“ neige ich zu der Vorstellung, daß dieser Satz auch heute noch von jedem Gebildeten, auch wenn er kein Liebesgedicht von Catull übersetzen kann, zu entschlüsseln ist. Aber natürlich weiß ich auch, daß die Welt längst Englisch spricht und Latein inzwischen „megaout“ ist; deshalb hier die Übersetzung*:*
Das Licht der Liebe bleibt immer, oder etwas eleganter:
Die Liebe endet nie.

Tagebuch 1

An sich habe ich mir vorgenommen, unsere Geschichte so wiederzugeben, wie ich sie selbst zu Weihnachten 1954, also gut zweieinhalb Jahre nach unserem ersten Zusammentreffen, in meinen Tagebüchern zu beschreiben begonnen habe. Folgerichtig müßte sie also auf dem kleinen Bahnhof von Rothenfels am Main beginnen, wo meine Marianne mir beim Aussteigen aus dem Zug sozusagen in die Arme lief. Allerdings liest sich dieser Bericht doch recht prosaisch und hölzern, so daß ich es vorziehe, an seine Stelle das **Märchen vom Fischer und seiner Frau** zu setzen, das dasselbe Ereignis in ein dichterisches Gewand gekleidet schildert und ein paar Jahre später entstanden ist. Vorweggenommen sei, daß ich das Märchen am Tag ihrer Beerdigung vor dem festlichen Mittagessen unseren Gästen als Erinnerungsstütze, wie alles angefangen hat, vorgelesen habe.

Von dem Fischer und seiner Frau.

Märchen nach den Brüdern Grimm.

Es war einmal ein junger Fischer, der hatte noch keine Frau. Er lebte in einem armen Land, in dem gerade ein langer, schrecklicher Krieg getobt hatte und die Menschen fast verhungert waren.

Früh morgens, noch ehe die Sonne aufgegangen war, fuhr er mit seinem kleinen Kahn auf den See hinaus, warf seine Angel aus und hoffte, daß ein großer Fisch anbeißen und für eine Weile den kargen Speisezettel, der meist nur aus Kartoffeln bestand, bereichern würde.

Der junge Fischer war noch fast ein Kind, aber schon ganz geschickt in dem Umgang mit der Angel. Natürlich kannte er auch das Märchen von dem Fischer und seiner Frau mit dem etwas seltsamen Namen Ilsebill, der in dem Land, in dem er wohnte, völlig ungebräuchlich war. Und so hatte er natürlich auch davon gehört, daß es auch mal einen Fisch gab, der sprechen und gar Wünsche erfüllen konnte. Und selbstverständlich kannte er auch den etwas seltsamen Zauberspruch, mit dem man den Fisch herbeirufen konnte:

Mantje, Mantje, timpe te,
Buttje, Buttje in der See.
Meine Frau, die Ilsebill,
will nicht so, wie ich wohl will.

Aber ebenso gut wußte er, daß das auch nur im Märchen geschehen konnte und er also sicher vergeblich darauf warten würde, daß auch ihm so etwas Wundervolles passieren würde. Ja und außerdem war ja sogar in dem Märchen für den Fischer nicht alles nach Wunsch gegangen, trotz der Wünsche, die ihm der sprechende Fisch erfüllt hatte, woran freilich seine Frau, die gierige Ilsebill die Schuld trug, weil sie nicht so wollte wie er. Soweit der junge Fischer eine Lehre aus dem Märchen zog, so die, daß das Lebensglück ganz entscheidend davon abhängt, daß zwei Menschen in ihren Wünschen übereinstimmen.

Nun, das Wunder eines sprechenden Fisches hat es für ihn tatsächlich nicht gegeben – vermutlich allein schon deshalb, weil es in einem kleinen Süßwassersee einfach keine „Buttjes“ gibt. Und wenn schon einmal ein wirklich schöner großer Fisch an die Angel unseres kleinen Fischers gegangen war, dann hatte der wohl nach dem langen Kampf mit dem Haken im Maul sicherlich keine Lust mehr zum Sprechen, selbst wenn er es denn wirklich gekonnt hätte. Der Fischer war damit übrigens trotzdem so ganz zufrieden, denn schließlich wurde er nicht vor die überaus schwierige Entscheidung gestellt, ob man einen sprechenden Fisch einfach so essen dürfe.

Daß es aber auch ohne das Auftauchen eines sprechenden Fisches zu einer sehr glücklichen Entwicklung gekommen ist, d a s ist das eigentlich Märchenhafte an unserer Geschichte, und deshalb soll sie hier auch erzählt werden.

Rothenfels

Die kürzeste Verbindung zwischen zwei Punkten ist bekanntlich die Gerade. Wählt man als diese zwei Punkte die Städte Düsseldorf und München und teilt man die sich ergebende Gerade in zwei gleich große Abschnitte, so findet man auf der Landkarte ziemlich exakt den Ort Rothenfels am Main.

Es ist ein hübscher kleiner Ort mit einigen alten Fachwerkhäusern an der Landstraße von Würzburg nach Markt Heidenfeld, die dabei den zahlreichen Windungen des träge dahin fließenden Mains folgt. Oberhalb von Rothenfels liegt auf dem Höhenzug, der das Maintal begrenzt, eine Burg aus rotem Sandstein, die dem Ort den Namen gegeben hat und die der Grund dafür ist, daß an dem kleinen Bahnhof des verträumt vor sich hin dösenden Örtchens wesentlich mehr Leute aussteigen als das seiner Größe entspricht – zumindest war das zu dem Zeitpunkt so, an dem unsere Geschichte ihren Anfang nimmt.

Natürlich sind die beiden Städte Düsseldorf und München hier nicht willkürlich gewählt worden, sind sie doch die Vaterstädte unserer Hauptpersonen, eben des jungen Fischers und seiner späteren Frau.

Es ist nun aber auch allerhöchste Zeit, daß die Beiden aus der Anonymität heraustreten, die seltsamerweise für den

Fischer im Grimmschen Märchen nie aufgehoben wird – im Gegensatz zu seiner Frau Ilsebill, ohne die der ganz wichtige Reim auf „nicht so will“ nicht möglich wäre.

Allerdings ist es nicht damit getan, einfach einen Namen zu nennen. Namen sind Schall und Rauch, so sagt man ja, was wohl heißen soll, daß sie rasch verklingen und verwehen. In unserem Fall kommt noch ein weiterer Umstand erschwerend hinzu: der junge Fischer tritt nämlich unter ganz verschiedenen Namen auf, einmal unter seinem Taufnamen Hermann-Friedrich, dann als Manfried, einer Zusammenziehung dieser beiden Taufnamen, fälschlich auch Manfred genannt, schließlich als Tom und gelegentlich als „Cevapcici“, was aber schon eher der Gattung der Kosenamen zugerechnet werden muß.

Bei „ihr“ verhält es sich da etwas einfacher: in ihrem Namen stecken zwar auch zwei große eigenständige Frauennamen, nämlich Maria und Anna, aber der daraus zusammengesetzte neue Name „Marianne“ ist unseren Ohren ja weithin vertraut und bedarf keiner weiteren Interpretation.

Wie aber trug es sich zu, daß diese Beiden sich ausgerechnet auf halbem Weg zwischen ihren Vaterstätten getroffen haben?

Einen ersten Hinweis darauf kann der Zeitpunkt ihres Aufeinandertreffens geben: es war der 9.4. des Jahres 1952, etwas aussagekräftiger, der Dienstag in der Karwoche. Wenn man dann noch weiß, daß die Burg Rothenfels ein Zentrum der katholischen Jugend war und als Entstehungsort für die neue Liturgie-Bewegung bekannt ist, die mit dem Namen Romano Guardini verbunden ist, dann verliert dieses Zusammentreffen weitgehend den Charakter der Zufälligkeit: es ging schlicht um die Feier der Osterliturgie, eben in neuem Gewand.

Vielleicht ist hier nun eine Anmerkung zum Thema „Zufall" angebracht. Zumindest für die Beiden ist es ja von ganz erheblicher Bedeutung, wie sie ihr Zusammentreffen interpretieren, denn davon ist letztlich für sie die weitere Entwicklung abhängig: Zufall oder Fügung?

Nun gibt es ja Leute, die in allem, was überhaupt geschieht, eine göttliche Fügung sehen, wo Andere nur von Zufall sprechen würden. Manche halten sich da auch an keine festen Regeln und entscheiden sich mal so, mal so. Und wenn man gar noch die Welt der Märchen hinzu nimmt, so darf auch die in ihnen so beliebte Lösung der „guten Fee" oder eines Zauberers mit übernatürlichen Kräften nicht außer acht gelassen werden.

Was haben die Beiden selbst von der Geschichte gehalten, die an diesem für sie so denkwürdigen Tag begann?

Zum Glück sind wir da nicht auf Spekulationen angewiesen, denn wir sind im Besitz zahlreicher Zeugnisse, aus denen eindeutig hervorgeht, daß sie – und zwar im Laufe ihrer Beziehung in zunehmendem Maß – die göttliche Gnade als die Verursacherin am Werk sahen. Nach allen Wechselfällen des Lebens ist das auch jetzt am Tag der Goldenen Hochzeit noch so, auch wenn sich im Laufe der Jahre so Manches in Inhalt und Deutung dieser Aussage geändert hat....

Nach dieser sicher nicht unwichtigen Klärung der geistigen Standortfrage sei nun wieder von den Ereignissen am Ort der Handlung, in Rothenfels berichtet.

Auf dem Tagesplan für die drei jungen Münchner, die zum Anfang der Karwoche ihre Fahrradtour bis Rothenfels geführt hatte, stand für den Nachmittag des Dienstags: Abholung der Oratorianer am Bahnhof in Rothenfels. Zum Verständnis: die drei Münchner gehörten zum Stamm der Georgs-Pfadfinder Johann Baptist Solln. Und in Solln befand sich auch der Sitz der Oratorianer, eines freien, ordensähnlichen Zusammenschlusses katholischer Geistlicher. Neben ihrer maßgeblichen Einflußnahme auf die Liturgie-Reform nahmen sie auch seelsorgerische Pflichten in der Pfarrei Johann-Baptist Solln wahr, darunter auch die geistliche Betreuung des genannten Pfadfinderstammes.

Somit ist also geklärt, wie die gute Bekanntschaft der Jungen mit den Herren des Oratoriums zustande kam. Wenn man sich dazu noch erinnert, daß es jedem Pfadfinder auferlegt ist, täglich eine gute Tat zu tun, so ist auch die gute Absicht, die vermutlich mit nicht ganz kleinem Gepäck anreisenden Herren abzuholen, eine hinreichende Motivation dieses Unternehmens.

Völlig unerwartet kam es im weiteren Ablauf zu einer nahezu dramatischen Regieänderung, einmal unterstellt, daß überhaupt jemand Regie führte:

Dem Zug entstiegen statt der erwarteten Geistlichen Herren in schwarzen Anzügen drei sehr weltlich gekleidete junge Damen, die so gar nicht in das vorherrschende Bild passen wollten; wo sonst bei den Damen und jungen Mädchen eine Art Worpsweder Stil mit gewebten Röcken, Strickjacken oder Anoraks und Rucksäcken vorherrschte, stachen diese drei mit ihren Nylonstrümpfen, Trenchcoats und Reisekoffern recht auffällig davon ab. Es war unverkennbar der Schick einer Großstadt, die noch dazu im Geruch stand, sich in dieser Beziehung mit Paris messen zu wollen.

Freilich, auch das Gepäck der Damen war offensichtlich nicht ganz leicht, (die „Rollis“ waren damals noch nicht erfunden), für Pfadfinder sozusagen ein gefundenes Fressen, denn das Gebot der „guten Tat“ besagte ja nur, daß geholfen werden sollte, aber nichts darüber, für wen die Hilfe zu erbringen sei. Also ran an die durchaus reizvolle Aufgabe! Die drei Pfadis, die als solche übrigens nicht zu erkennen waren, da sie keine Tracht trugen, stürzten sich also voller Eifer auf die drei Stadtvögel und bemächtigten sich ihrer Koffer.

Zu erwähnen ist noch, daß es vom Ort Rothenfels eine ziemlich steile Stiege hinauf zur Burg gibt, die allerdings der vielen Stufen wegen für schwer bepackte Reisenden nicht zu empfehlen ist. Also nahm man gemeinsam den etwa doppelt so langen Feldweg auf die Mainhöhe in Angriff. Trotz des schweißtreibenden Aufstiegs entspann sich schnell ein munteres Gespräch, das man wohl am treffendsten mit der Bezeichnung „Flachs“ charakterisieren kann. Oben an der Burg angekommen waren jedenfalls die ersten Kontakte zwischen den beiden Gruppen geknüpft; für einen aufmerksamen Beobachter war wohl zu erkennen, daß sich dies vor allem für Marianne aus Düsseldorf und Manfried aus München, den wir ja bisher nur als jungen Angler kennen, sagen läßt: etwas von weltbewegender Größenordnung war da in Gang gekommen, jedenfalls wenn man „Welt“ aus der Sicht der Beiden definiert.

Nun ist eine Aussage von solcher Tragweite im Nachhinein, zumal nach nun siebenundfünfzig Jahren, leicht zu treffen und es soll auch nicht der Eindruck erweckt werden, daß nach 20minütigem Fußweg schon die große Liebe ausgebrochen wäre, aber der Funke, der ja bekanntlich einen Großbrand hervorrufen kann, der war übergesprungen, und zwar in doppelter Richtung…

Vielleicht möchte jemand jetzt auch noch wissen, wie die Marianne aus Düsseldorf zu dem Abenteuer Rothenfels gekommen ist? Schließlich ist diese Burg zwar im bayerischen

Land in den entsprechenden katholischen Kreisen so einigermaßen bekannt, aber es ist doch zu bezweifeln, ob sich ihr Ruf auch in den preußischen Norden, wozu Düsseldorf zumindest aus bayerischer Sicht zählt, verbreitet hat. Immerhin gab es eine Religionslehrerin an der Düsseldorfer Schule, die unsere Marianne besuchte, der diese Adresse offenbar als eine gute Adresse bekannt war, um „Problemfälle in religiösen Dingen“ dorthin zu weisen. Denn Marianne war ein solcher. Zusammen mit ihren beiden Schulfreundinnen Renate und Liselotte waren ihr die im Religionsunterricht gegebenen Antworten auf drängende Glaubensfragen nicht ausreichend, vielleicht auch nicht überzeugend genug, und so machten sie sich gemeinsam auf den Weg zur Burg, der ihnen gewiesen worden war.

Es wäre nun sicher reizvoll, die sich langsam entwickelnde Liebesbeziehung zwischen Marianne und Manfried weiter zu begleiten. Allerdings wäre dazu ein extrem langer Atem nötig, denn sie sollte sich bis zu ihrer Erfüllung über mehr als sieben Jahre hinziehen und ihre Beschreibung würde wohl einige Bände füllen – tatsächlich sind diese ja auch in einer Art Tagebuchaufzeichnung schon geschrieben worden.

Hier müssen einige Stichworte genügen, um wenigstens einen kleinen Eindruck zu vermitteln, warum die Beiden trotz aller Schwierigkeiten an einander fest gehalten haben und gar von einem Märchen sprechen, wenn sie von dieser Zeit reden.

Zunächst ist zu sagen, daß Beide noch sehr jung waren, als sie sich begegneten: Sie noch nicht einmal zwanzig und er gar erst siebzehneinhalb, was er mit „fast achtzehn“ etwas aufzubessern versuchte. Was das bedeutete läßt sich erst richtig einschätzen, wenn man in Betracht zieht, was damals zumindest in den sog. „besseren Kreisen“ unabdingbar üblich war: um bei dem Vater eines heiratsfähigen Mädchens um dessen Hand anzuhalten, mußte man als junger Mann schon etwas Handfestes zu bieten haben, mit dem man der umworbenen Tochter eine gute Zukunft zusichern konnte, in jedem Fall also erst einmal eine abgeschlossene Berufsausbildung – mit Angelkenntnissen allein war da natürlich kein Blumentopf zu gewinnen. Schon vorher zusammen zu ziehen, war absolut tabu, ja, wäre einem Sakrileg gleich gekommen.

Also lebten die Beiden weiter im Schoß ihrer Familien in Düsseldorf bzw. München, das heißt: 650 km von einander getrennt. Alles, was halbwegs erlaubt war, war ein Zusammentreffen in den Ferien, also ein paar Tage an Ostern oder Pfingsten, ein bis zwei Wochen in den Sommerferien und einige Tage Skifahren nach Weihnachten, im Durchschnitte der ersten fünf Jahre waren das zusammen knapp 30 Tage pro Jahr!

Was also tun mit einer heißen Liebe? Das einzige einigermaßen brauchbare Kommunikationsmittel waren Briefe, und davon haben sich tatsächlich auch mehrere hundert in beiderlei Richtung angesammelt, oft als ein Ausdruck seelischer Not, oft aber auch als ein unverzichtbarer Schlüssel zum gegenseitigen Verständnis und damit eine wichtige Grundlage für das spätere gemeinsame Leben.

(Nur am Rande: telefonieren war nur über das Telefon der Eltern und damit über deren Telefonrechnung möglich und kam deshalb nur in Ausnahmefällen in Betracht – und Handy oder SMS gab es noch nicht.)

Aus heutiger Sicht erscheint dies alles vielleicht trostlos oder gar unglaubwürdig, aber es darf hier ernsthaft versichert werden, daß das der Treue der Beiden zueinander keinen Abbruch tat, sie haben sie die ganze Zeit über als ihren kostbarsten Besitz gehütet und darüber hinaus ihr Leben lang bewahrt.

Gesagt muß aber auch noch werden, daß die Tage zwischen den langen Wochen und Monaten, ohne sich zu sehen, dann um so glücklicher waren: Sechs mal in Rothenfels, ebenfalls sechs mal Skiferien, dann verschiedene Studentenreisen nach Spanien und Paris und nicht zuletzt auch einige Tage in Steinebach, sozusagen als Vorschuß aufs spätere Leben, das dann mit der Hochzeit, erst der standesamtlichen am 16.5.1959 in Pullach und dann am 27.6. mit der kirchlichen in Wittlaar am Rhein bei Düsseldorf so richtig begonnen hat. Noch am gleichen Tag, der auch als Siebenschläfer bekannt ist, ging's auf die Hochzeitsreise, erst per Flug nach München und dann mit Kolumbus, einer himmelblauen Isetta, nach Steinebach. Und wie es sich gehört kam neun Monate später mit Veronica das erste der vier Kinder auf die Welt, die sie sich schon sechs Jahre zuvor auf einem Jägerstand im Spessart in glücklicher Übereinstimmung gewünscht und versprochen hatten.

Ja, und weil das alles bei Betrachtung nach den heute gültigen Kriterien doch wohl ein sehr seltenes Märchen geworden ist, das da geschehen ist, sehen sich die Beiden eben so ein bißchen wie Prinz und Prinzessin, die sich endlich gefunden haben und nun glücklich ihre Tage mit einander genießen. Fische übrigens eingeschlossen, wenn sie nicht gesprochen haben.

ENDE

Damit war das Märchen aber nicht zu Ende, im Gegenteil. Das Tagebuch weiß zu berichten, daß ich zwar bei unserem Abschied in Rothenfels mutlos und traurig war, dann aber bei der langen Rückfahrt per Rad nach München immer öfter gutgelaunt war und immer klarer erkannte, daß ich mich restlos in sie verliebt hatte. Ich zitiere: „*Das Wunderbare daran ist, daß diese Liebe in den zweieinhalb Jahren immer gewachsen und stärker geworden ist. Wir wundern uns immer, daß jedes unserer Zusammentreffen noch schöner ist als das vorhergehende; ich glaube, es liegt daran, daß wir uns jedesmal noch besser verstehen, uns noch herzlicher lieben und noch inniger verbunden sind.*“ So hatte ich es zwei Jahre später notiert.

Bevor ich nun die einzelnen Stationen unserer siebenjährigen Reise bis zur Hochzeit getreu meinen Aufzeichnungen folgen lasse, bin ich vor allen den jüngeren Lesern eine Antwort auf ihre vermutlich erstaunte Frage schuldig, was der Grund für diese lange Wartezeit war, denn inzwischen sind die damaligen Gründe dafür kaum noch verständlich zu machen.

Ja, um es noch einmal mit einem Märchen zu sagen: unser Glück lag für uns weit hinter den sieben Bergen versteckt, die wollten erst alle überstiegen sein! Wie schon gesagt: Die öffentliche Moral verlangte, daß ein junger Mann erst dann um die Hand eines Mädchens anhalten durfte, wenn er dessen Eltern auch verbürgen konnte, ihrer Tochter ein anständiges, das heißt mindestens auskömmliches Leben bieten zu können. Sich nicht an diese Übereinkunft zu halten, wäre zumindest in der gehobenen Gesellschaftsschicht, zu der die Familien der beiden Liebenden sich zweifellos zählten, einer Katastrophe gleichgekommen und galt als ein kaum wieder gutzumachende Fehlstart ins Leben.

So also traten wir mehr oder weniger freiwillig unsere Reise bis hinter die sieben Berge an, ohne uns allerdings bewußt zu sein, daß sie so lang werden würde.

Wenn uns auch das Ziel klar vor Augen stand, so haben wir es doch nicht benannt oder gar festgeschrieben. Es ergab sich schlicht aus dem Gefühl, für einander bestimmt zu sein, aus dem alles andere folgte. Und dieses Gefühl war so stark und ausschließlich, daß wir daraus ein nahezu klösterliches Gebäude errichteten, vielleicht besser: daß wir eine Zitadelle bezogen als unseren innersten, sakrosankten Rückzugsort für unsere Liebe, den es im Zweifel mit Zähnen und Klauen zu verteidigen galt. Im Umgang mit anderen möglichen Partnern gab es da von Anfang an ein klares Stopschild: *Bis hierher und nicht weiter*. Will sagen, wir machten kein Hehl daraus, daß wir „vergeben" waren, für Flirts oder gar weitergehende sexuelle Abenteuer nicht zu haben waren. Ja ich glaube, wir umgaben uns ganz deutlich sichtbar mit dem Panzer der Unberührbarkeit nicht nur als „Fair-Player", wir brauchten diese Droge als eine Art Weihrauch für den Altardienst an unserer Liebe. Nun sind diese meine späten Reflexionen inzwischen reichlich spekulativ und haben ihren Sinn auch nur in dem Erklärungsversuch, warum wir unser selbstgewähltes Alleinstellungsmerkmal nach heutigem Empfinden so übertrieben zelebriert haben. Ansonsten will ich nun aber wieder mit dem Originaltext der Tagebücher fortfahren, wobei ich einige eher unbedeutende Episoden aus der Anfangszeit unserer Beziehung übergehe.

Pfingsten 1954

Wo anders konnten wir uns an Pfingsten treffen als in Rothenfels?

Es war Frühling. Am 5. Juni erwartete ich Dich am Bahnhof in Rothenfels. Die Schönste, die ausstieg, warst Du. Leider konnte ich Dir das erst sagen, als wir den Willi los waren und allein reden konnten. Außerdem sagte ich Dir noch anderes: einen kühnen Plan. Vor Erregung hatte ich nachher von der Wiese einen grünen Hosenboden; aber der Plan war akzeptiert.

Die Pfingsttage waren schnell um. Am Sonntag waren wir im Wald, am Montag beim Kahnfahren auf dem Main, abends bei Tanz und „Whisky saauer".

Von großer Bedeutung war für uns der Pfingstdienstag. Nach einem großen Spaziergang bis Einsiedeln saßen wir abends noch auf „unserem" Hochstand, unter „unserem" Sternenhimmel. Und es begann dieses wunderbare Gespräch, das eigentlich gar nicht hätte geführt zu werden brauchte, da es ja die Gedanken eines Wesens ausdrückte, das Wesen „WIR". Es war sozusagen der Startpunkt, die Familiengründung. Heute weiß ich nicht einmal zu sagen, wer letztlich die Zahl eigentlich nannte; jedenfalls war sie in uns gleich. Die aufgeklungene Zahl „vier" schwang fort in unserer Zwiesprache mit Gott. „ER gebe uns dazu seinen Segen!"

Kahlefeld mußte am anderen Tag gemerkt haben, wie schön es zwischen uns war, wie innig wir uns liebten. Beim Abschied wünschte er uns, daß es immer noch schöner werde.

Gleich darauf brachen wir auf zum Bach, schlugen unser Zelt auf und verkrochen uns vor dem Regen. Zwar drang er auch ins Zelt ein, aber uns fror nicht, im Gegenteil: wir hatten uns ja ineinander eingehüllt.

Die nächsten beiden Tage brachten auch wieder Sonnenschein und viele schöne Erlebnisse. Wie viel mehr kann doch die Natur geben als das Menschengemachte! Ich war glücklich, in Dir auch dies wunderbare „Sich-freuen-können" an der Natur zu finden. Wie schön waren unsere Spazier-

gänge, die Vögel, die Rehe in ihrem Spiel, die ersten reifen Erdbeeren, die Fische in unserem munteren Bächlein, wie schön die riesigen Eichen, das wogende Gras, der Nebel, der geheimnisvolle Wald, die Sterne. Wie tief waren unsere Gespräche! Wie warm, innig und rein die Nächte!

(Ich kann nur andeuten, aber mein Herz ist voll Erlebnissen, die es nie vergessen kann.)

Es waren glückliche Tage, immer einer schöner als der andere, so, wie Kahlefeld gesagt hatte. Sein Wunsch hat sich bis jetzt eindeutig erfüllt, in fast wunderbarer Weise.

Trotzdem möchte ich jetzt zu einem Abschluß kommen. Die Erlebnisse unserer unvergeßlichen Spanienreise sind noch so frisch, daß es nicht nötig ist, sie auf Papier festzuhalten. Vielleicht werde ich später diese Aufzeichnungen einmal damit fortsetzen.

Meine Befürchtung, diese Aufzeichnungen würden über die ersten Seiten nicht hinauskommen, haben sich also doch nicht als berechtigt erwiesen. Ob es mir allerdings gelungen ist, auf all diesen Seiten etwas zu sagen, wage ich nicht zu sagen, wage ich nicht zu entscheiden. Du, mein Liebling, sollst urteilen, Du sollst es lesen, sollst lesen mit Deinem Herzen und Dich an all das erinnern, was zwischen den Zeilen steht, was nicht in Worten ausgedrückt werden kann. Dies hier sind ja in Wirklichkeit nur Stichworte; nach jedem Satz müßte ja eigentlich eine ganze Reihe von Pünktchen kommen..

Für Dich, Du meine Innig-Geliebte, habe ich in tiefer Dankbarkeit diese Geschichte geschrieben, Geschichte im wahrsten Sinn, Geschichte, die uns beide zusammengeführt und für immer miteinander verbunden hat.

Du mußt das Leben nicht verstehen,
dann wird es werden wie ein Fest.
Und laß dir jeden Tag geschehen
so wie ein Kind im Weitergehen
von jedem Wehen
sich viele Blüten schenken läßt.
Sie aufzusammeln und zu sparen,
das kommt dem Kind nicht in den Sinn.
Es löst sich leise aus den Haaren,
drin sie so gern gefangen waren,
und hält den jungen lieben Jahren
nach neuen seine Hände hin.

Rainer Maria Rilke

Tagebuch 2

geschrieben zu Weihnachten 1955

Für Dich – meiner geliebten Marianne.

Ist es nicht meist etwas Unbestimmtes, etwas, worüber man keine Rechenschaft zu geben pflegt oder geben kann, das so oft der Beweggrund für unser Tun ist? Impulsiv nennen wir es – es ist plötzlich da und niemand kann sagen, woher es kommt.

Heute morgen, als ich mich in der Badewanne aalte, wußte ich plötzlich, daß ich an „unserer Geschichte", wie ich es letztes Jahr nannte, weiter schreiben würde. Je mehr alle möglichen Gründe erwuchsen, die alle ein scharfes „contra" bedeuteten – wie etwa: du hast ja gar keine Zeit, du mußt lernen; du kannst ja doch nichts Neues bringen, du kannst ja nicht einmal das schreiben, was wirklich *war; dein Tun ist das eines Malers, der einen hübschen Hintergrund malt, dann aber aufhört, weil er das Stilleben oder das Portrait – das ja das Eigentlich werden sollte -, nicht fertig bringt; desto bestimmter wußte ich: ich werde heute noch zu schreiben beginnen. Und jetzt überlege ich, sozusagen um mich gegen die Verpflichtung Studieren abzuschotten, das Warum.*

(Weißt Du, Liebste, Männer müssen immer eine logische Begründung, eine Sicherung ihres Tuns vom Verstand her haben, --- und Du glaubst gar nicht, was sich an Logik alles konstruieren läßt!)

Also: Der Grund ist der: weil es so wunderschön ist, das Schwelgen in Erinnerungen: dann natürlich, weil es mir Freude macht, weil ich an sich gern schreibe; nicht zuletzt, weil mich diese „Geschichte" ganz erfüllt. „Wem das Herz voll ist, dem geht der Mund über"; warum sollte da nicht auch die Feder…? Der Grund ist, daß ich Dir, meiner Liebs-

ten, eine Freude machen will; weil das, was mir hier nur anzudeuten bleibt, unser eigentliches Leben, unsere wirkliche Existenz, das SEIN ineinander ist. Ist es nicht so?

Und noch eines: trotz der kleinen Ironie eben ist mir alles, was schon das erste Heftchen einleitet, noch genauso ernst und wichtig wie damals, es wird mir immer mein größtes Anliegen sein:

Ein herzliches, inniges Verstehen in dem tiefen Geheimnis unserer Liebe.

SPANIENFAHRT.

Weißt Du, daß wir uns erst zwei Jahre kannten, als wir diese Reise miteinander machen durften, die ohne weiteres für Viele eine herrliche Hochzeitsreise bedeutet hätte? Was sage ich: Jahre! Es waren ja nur ganz wenige Tage, an denen wir uns wirklich gesehen haben. Und doch, was haben wir in diesen Tagen alles erlebt!

Noch heute sehe ich mich in Kehl ankommen; sehe den Bus mit den Studenten, die unzweifelhaft dazugehören, aber Du fehlst. Ist vielleicht noch etwas dazwischen gekommen? Am Ende hast Du den Bus versäumt? Was ist doch das Herz für ein unruhig Ding!

Im Bahnhofsrestaurant warst Du nicht. Da erschien in einem der Toilettenfenster ein dunkler Haarschopf, mehr war nicht zu sehen, doch das genügte!

Unfaßlich: nebeneinander zu sitzen, Hand in Hand, drei lange Wochen vor uns; nach Spanien!

Zunächst war ich wohl etwas unruhig wegen der mitfahrenden studentischen Konkurrenz, und Deine Erzählung von der schon verbrachten Nacht im Bus bis Kehl gab auch allen Grund dazu. Doch das gab sich. Zunächst störte mich wohl etwas unsere Umgebung. Doch bald lag mein Arm um Deiner Schulter, Dich an mich zu drücken.

Die Nacht im Bus, war sie nicht trotz aller Unbequemlichkeiten herrlich? Versuche einmal die Parallele zu unserer ersten Busfahrt (Linderhof) zu ziehen. Oder gibt es gar keine Parallele? „Komm, Liebes, jetzt mußt Du mich ans Fenster lassen!“ „Oh, ich sitze ganz bequem, wirklich.“ Und dann lag doch Dein Kopf in meinem Schoß. Und ich brauchte mich nur über Deinen Mund zu beugen…

Nachts waren wir durch das Rhonetal gefahren, morgens ging die Sonne verheißungsvoll über den Küstenseen und den riesigen Weinfeldern auf. „Kaum zu glauben, wir sind in Spanien!“ umarmtest Du mich voll Freude. Hattest Du Dich am Tag vorher in Frankreich fließend verständigen können, so war es in Figueras schon ein ausgesprochenes Glück, daß wir eine Bar mit deutsch-sprechenden Besitzern fanden, wo wir uns waschen und frühstücken konnten. Beide wußten wir ja kaum, „Guten Tag“ und „Danke“ zu übersetzen.

Und dann das Meer! Tiefblau und leicht bewegt, glitzernd am Horizont mit dem ebenso tiefblauen Himmel verschmelzend. Das Sonnenland Spanien.

Barcelona. Hafen. Kolumbussäule. Rambla. Spaziergang Arm in Arm. Riesentrauben. Verkehr, Lärm. Spanien, unvergeßliches Spanien.

Und wieder eine Nacht – unter den Sternen. Was hat es bedeutet, daß unsere Luftmatratze zu schmal, der Dampfer ein alter Kasten war und die Küchengerüche über uns hinzogen? Du warst mir ganz nahe – alles andere weit weg. Was gäbe ich darum, könnte ich Dir jeden Abend nur zwei Minuten so nahe sein!°

Jetzt muß ich Dir eine nette kleine Episode erzählen, geschehen selbigen Morgens. Die Sonne stieg rot aus dem Meer, und ihre Strahlen weckten auch den Wind. Langsam rollte das Schiff, wir merkten es kaum. Doch dann war da die dumme Schokolade. Die Wellen wurden etwas höher und wir beschlossen erst einmal gut zu frühstücken. Allein, wir waren in Spanien und das Frühstück war folglich ein spanisches. Etwas verbissen kauten wir den sehr schwarzen Kaffee; wie würgten und er würgte uns. Draußen, vor den Fenstern des Salons, schaukelte das Meer auf und ab und der Kellner schaukelte mit. Und plötzlich würgte ich allein. Ich hörte nur, wie der Kellner mitleidig etwas von „mareado" quasselte, immer wieder das verdammte mareado. Mühsam lächelnd antwortete ich: „Si, sie ist mareado" und rettete mich gerade noch nach draußen in die frische Luft. Du liegst schon ganz friedlich auf unserer Matratze, sehr friedlich sogar; so lege ich mich neben Dich, auch ganz friedlich. In der Luft hängt noch ein Weilchen der süßsäuerliche Geruch von halbverdauter Schokolade.

Ibiza tauchte auf und kam immer näher. War die Begrüßung für uns, als wir in den Hafen einfuhren? Wieder völlig munter harrten wir auf die Dinge, die da kommen sollten, speziell auf das Taxi. Erstaunlicherweise brach es, als es endlich zum Kai kam, nicht auseinander, als alle mitsamt ihrem Gepäck verladen waren. Gemütlich zuckelte es in Richtung San Antonio. An dem zu überwindenden Berg hielt es alle 200 Meter, um uns Zeit zu geben, die Gegend gründlich zu betrachten und nebenbei auch das Wasser im Kühler nachzufüllen. Aller chaotischen Vermutungen zum Trotz, wir erreichten das Ziel, das Hotel Miramar.

Nach dem ersten spanischen Mittagessen – weißt Du noch, wie sie in aller Gemütsruhe jeden Löffel, jedes Messer, jede Gabel und jeden Teller einzeln servierten? – ging`s an die Zimmerverteilung. Fast bin ich jetzt noch aufgeregt, damit Du und ich etwas Passendes erwischen, jeder mußte für sich selbst sorgen. Wütend und unglücklich kam ich von der ersten Besichtigung zurück. Und dann war gerade das unser Glück – da sieht man es wieder! Ich freue mich jetzt *noch, wie fein das mit unserem Fünferhaus gegangen ist, daß wir im gleichen Haus untergebracht waren, wo doch dieser Herr Götzinger nicht einmal seine Braut (oder was sie sonst gewesen sein mag) im gleichen Haus einlogieren konnte!*

Der Rest des Nachmittags reichte gerade noch zum ersten Bad im Meer, allerdings in voller Mannschaftsstärke.

Dann waren wir endlich allein. Wir bummelten durch den Ort hinaus zur Meeresbucht auf er anderen Seite, blieben immer wieder zwischen den Felsen stehen, es gab immer noch Nachholbedarf zu befriedigen. Tanzmusik lockte uns in die „SES GUITERRAS“, es hat uns prima gefallen. Obwohl es spät geworden war, gingen wir mitten in der Nacht noch einmal baden. Oh Schatzl, war er nicht herrlich, dieser erste Tag auf Ibiza?

Und wie schnell vergingen sie alle! Die Zeit tickte unerbittlich weg, wir merkten es kaum in unserem wonnigen Nichtstun. Baden, Schnorcheln, Sonnen, wieder Baden, Mandeln klauen, Spazierengehen, mal Kegeln oder Eis essen, Segeln oder Kaffeetrinken, und immer wieder Sonne. Ist es ein Wunder, wenn wir jeden Zeitbegriff verloren?

Doch es gab auch besondere Tage, Feiertage. Gleich Dein Geburtstag. Zum ersten Mal haben wir ihn richtig gefeiert: mit köstlichem Sekt und Tanzen bis drei Uhr morgens. An dem Tag waren wir auch beim Segeln, weißt Du, wo es der guten Maria so schlecht wurde. Ich war froh und stolz, daß der Seegang Dir nichts anhaben und wir so richtig genießen konnten.

Denkst Du noch an die „Danzas tipicas“, an die Prozession an San Bartolome, an die Mandelschnitten? An Deinen Tintenfisch und die Franzosen? An die Bodega mit ihren „bocerones, almejas und crudas? An den Abend mit dem anderen Volk? Der Cointreau und das andere Zeug, zusammen mit dem immer neu aufgefüllten „blanco-blanco“ und zur Abwechslung „muscadell“ haben uns ganz schön zugesetzt, nicht? Noch jetzt lache ich herzlich, wenn ich an unsere Unbekümmertheit in und außerhalb der Bodega denke. Es war ein goldiger Abend.

Denkst Du noch an unsere Felsenkletterei, Liebste, und an das Schwimmen im Sturm, wie lustig es war, von den Brechern so auf und abgehoben zu werden? Oh, und der Tag, wo wir mit den Segelbooten draußen waren! Die Fröhlichkeit unseres Manuelos, des Fischers und Schiffers! Und dann, als wir allein mit der Nußschale auf den Wellen rumgeklettert sind! Denkst Du an die Sonnenuntergänge am Meer? Daran, daß wir einmal im Wasser unsere Badeanzüge auszogen. Als ich dann mit der Brille untertauchte? Natürlich nur wegen Dir, Schatz, um Dich zu sehen. Wir kannten uns ja auch schon so, aber ich wollte – und werde – Dich immer wieder so sehen wollen – weil Du mir gehörst, meine Geliebte bist. (Bei Anderen hat mich das noch nie interessiert; im Gegenteil, es berührt mich eher peinlich, wenn ich nur Bilder davon sehe, wie jetzt wieder in Paris.) Bist Du böse, Liebes? Hoffentlich nicht! Wir werden es, wenn möglich, noch oft so machen wie damals bei unserem Nachtbad, wo der Mond unsere Glieder silbern besprühte, und ich werde Dich hoffentlich noch oft nach solcher Erfrischung in die Arme schließen. Eiverstanden?

Ist es ein Wunder, daß bei so vielem Schönen auch ein paar Stunden nicht ganz so ausgeglichen waren? Und doch, wie lächerlich waren die Ursachen! Weißt Du, diese letzte Nacht, als Fräulein Schmidt schon abgefahren war, war sie nicht doch die schönste? Liebling, ich möchte gern, daß Du mir bei ähnlichen Gelegenheiten gleich sagst, daß Du Dich nicht gut fühlst; aber bitte, bleib bei mir, wenn's irgendwie geht; ich verlange gar nichts von Dir, nur daß ich Dich in meinen Armen halten und Dich zärtlich küssen darf; Du brauchst nicht einmal zu reagieren. Du weißt ja nicht, wie öde eine Nacht ohne Dich ist – erstrecht, wenn es anders sein könnte. Bitte, Schatzl

Ich weiß nicht recht: war es die spanische Sonne, die uns in allem einen Grund zur Eifersucht sehen ließ? Inzwischen habe ich viel über die Eifersucht nachgedacht, und wir haben uns oft darüber unterhalten. Einmal schriebst Du mir ein Zitat von Kennicott; er nennt sie „ ein wundervolles, richtiges, prachtvolles und urgesundes Gefühl". Bestimmt hat er auch ein bißchen recht. Laß mich aber ein Wort von Exupery dagegen stellen: „Ich kenne aber die Liebe und weiß, sie besteht darin, daß keine Frage mehr gestellt wird. Und ich überwinde Gegensatz um Gegensatz und schreite auf die Stille aller Fragen zu; so finde ich die Seligkeit". Glaubst Du nicht auch, daß da ein ganz anderes Lieben gemeint ist, das ursprüngliche? Das – ähnlich der göttlichen Liebe – einfach nur liebt, ohne jede Frage, ohne Ausschließung oder Abschwächung. Ach Geliebte, könnte ich Dich doch so lieben!

Doch zurück nach Spanien. Wir müssen noch schnell nach Ibiza fahren – per Taxi, versteht sich - , müssen einen Cocktail im CORSARIO schlürfen und dabei den großartigen Blick auf Stadt, Hafen und Meer genießen. Dann wollen wir noch einmal spazieren gehen und unserem „Adoptivsohn" Phillip die alte Windmühle zeigen. Und dann sind schon die schönen Tage von ANTONIO ABAD vorbei.

Diesmal warst Du auf der Überfahrt nach Barcelona nicht „mareado"; dafür sahen wir am Abend noch Braunwale. Im Bus war es dann weniger bequem. Schon bis wir nach all der barcelonischen Aufregung einmal saßen! Bis zum Abend hatten wir uns dann aber auf unseren neu erworbenen Besitztümern etwas gemütlich gemacht. Nur schade: durch die allzu eifrigen Aufräumungsarbeiten war Dein Magen etwas in Unordnung geraten. Immerhin kam der große Katzenjammer, er griff vor allem auf meine psychische Verfassung über, erst in der Nähe der deutschen Grenze. Zu allem Überfluß wurden wir auch noch mit schlechtem Wetter empfangen. Doch der Schein, daß die Rückreise unter einem Unstern stand, trügt; ich möchte auch keine einzige Stunde dieser Fahrt mit ihren kleinen Mißverständnissen und um so innigeren Versöhnungsküssen missen!

Panta rei – vornehmlich gilt dieses Wort für die Zeit. Sie rinnt durch die Finger, man mag sie noch so sehr zusammenpressen. Wenn Du mehr Abstand hast, kannst Du sie auch mit einer Sternschnuppe vergleichen: bis Du sie recht fassen kannst, ist sie verblaßt und hinterläßt nur die Erinnerung an sie. Und doch: wie gut! Wie wäre sonst die lange Zeit unserer Trennung zu ertragen?

Oktoberfest München

Wie lange und wie beglückend können vier Tage sein, wenn wir sie zusammen erleben können! Mir ist ja nur möglich, anzudeuten, Stichworte und Rahmenhandlung zu geben. Was sich darin erfüllte, was den wahren Wert bedeutet: unser inniges Verstehen, das selbstverständliche Zueinanderfinden, das sichere Gefühl des Zusammengehörens, die Zeichen unserer Liebe – das alles kann nur das Herz erfassen. Unser Verstand ist nicht annähernd solcher Glut fähig. So lasse denn meine Worte auch nur Rahmenhandlung sein und fülle sie mit dem Erleben Deines Herzens, mit unserer Liebe, die uns so fürstlich reich macht.

Wenn Du so mit dem Zug ankommst, gar wie damals nach einer Nachtfahrt, blühend wie eine Rose, was soll ich dann tun? Glaub mir, so oft ich mir wünsche, ich könnte Dich abholen, so hasse ich diesen Moment. Was soll ich mit meiner

Freude, mit dem Sturm in mir, dem Verlangen, Dich kräftig an mich zu drücken, anfangen? Nichts, absolut nichts: Fragen, wie war die Reise? Ein Hohn! Doch man tut`s..

So auch diesmal, als Du zum Oktoberfest ankamst. Du eiltest strahlend und sicher auf mich zu – gut, daß es immer eine Tasche oder einen Koffer gibt, den man abnehmen kann!

Wie schön ist es erst, wenn wir aus dem Blickfeld der Öffentlichkeit und in unserem Wagen allein sind. Ich habe es sehr gern, wenn Dein Arm um meine Schulter liegt und ich ganz sicher weiß, daß ich Deine Nähe nicht träume. Ach Liebste, wie glücklich bin ich, daß Du da bist!

Zunächst fuhren wir Deinen Koffer zu Re`s Zimmer, dann mußten wir den Wagen abgeben und fanden dafür einen nagelneuen Goggo-Roller vor. Und das Tollste: als Du mir schriebst, welche Farbe Dir am besten gefiele, da hatte ich den Roller schon, und zwar in genau dieser Farbe! So sind wir zum ersten Mal mit einem eigenen Fahrzeug losgebraust. Allerdings ist „gebraust" vielleicht doch etwas übertrieben, ich fuhr ja erst den dritten Tag und hatte zuvor noch nie so ein Ding gesteuert.

Es ist eigenartig: immer wenn wir bei uns mal allein zu Hause sind, bin ich etwas nervös; hast Du das bemerkt? Mich packt dann meist ein Komplex, Dir unbedingt alles zeigen zu müssen, Dir etwas anzubieten oder was weiß ich sonst. Jetzt, wo ich darüber nachdenke, empfinde ich vielleicht etwas übertrieben, aber es ist schon etwas dran. Wenn Du wiederkommst – hoffentlich ist es bald, sehr bald! – zeige ich Dir gar nichts und setze mich einfach zu Dir, am besten aufs Sofa, wie schon einmal. Aber Du kannst wohl meine Nervosität verstehen; Dir wird es wahrscheinlich genauso ergehen, wenn ich mal bei Euch bin und die ganz persönliche Atmosphäre kennenlerne, die Du und Deine El-

tern geschaffen haben; gerade da kann man ja einen tiefen Blick in das Wesen des anderen tun.

Nun, ich glaube, Du wirst Dich hier einmal, nach kleinen Veränderungen, schon „daheim“ fühlen, nicht? Jedenfalls bin ich überzeugt, daß wir beide überall, wo es auch sein mag, uns eine gemütliches, trautes Heim schaffen werden. Die allerwichtigste Voraussetzung ist ja schon gegeben, wenn Du bei mir bist, Liebste! Aber ich wollte ja keinen Zukunftsroman schreiben.

Wir waren dann in der Feininger-Ausstellung und nach dem Mittagessen mit Papa im Württemberger Hof, in der großen Kunstausstellung. Und vor dem Wies`nbesuch war eine Stärkung im Opernespresso sicher ganz angebracht.

Was soll ich über die Wies`n sagen? Wars nett? Oder wars ein Versager? Beides. Zuerst prima: als plötzlich Papa irgendwo auftauchte und grinste, als wir lustig nach Bier und Schweinswürstel rumzogen, Teufelskutsche fuhren und vergnügt waren. Und dann war es bei uns Beiden zugleich schlagartig aus. Die Umgebung stieß uns ab. Der schönste Erfolg des Abends war jedenfalls, daß wir Beide so eindeutig und gleich reagierten, ohne Worte. (Stell Dir vor, einem von uns hätte es noch länger Spaß gemacht und der hätte dann den Anderen als Spielverderber betrachtet!) Und wir Beide spürten deutlicher als zuvor, daß Freude und Frohsinn nur von innen kommen kann und selbst der tollste Rummel sie nicht hervorzaubern kann. Bestimmt wird es uns einmal genauso beim Fasching gehen. Freuen kann man sich eben nicht auf Befehl, höchstens amüsieren; und gerade das widerstrebt uns.

Also doch kein Versager.

Der nächste Morgen war um so froher. Du wolltest mich erst gar nicht erkennen, als ich Dich in der Herzogstraße mit Mercedes abholte. In Solln waren wir in der Messe. Dabei habe ich mich nicht wenig gefreut, als so „einige" hier erbleichten, als ich mit Dir erschien. So gegen ein bißchen Stolz hast Du doch nichts, Liebes, oder? Und ich werde auch immer auf Dich stolz sein!

Wieder hatte ich dringenden Anlaß, oft in den Rückspiegel zu schauen. Wie freuten wir uns über die schöne Fahrt nach Wörishofen; genau so freute ich mich über meine Mutter, wie herzlich sie zu Dir war. Und sie hat uns auch bald wieder fortgeschickt, damit wir in Steinebach noch segeln könnten. Das haben wir dann so lange getan, daß wir schon Angst vor Schimpfe hatten, aber Papa sagte nichts. Mein Herzlieb, was haben wir schon für schöne Stunden mit unserem braven, alten Holzschuh gehabt! Die Leia, das gute Stück, ist das, was in Rothenfels unsere Hochstände sind. Abends waren wir noch ganz schick mit Mercedes in der Kleinen Liebe, ein netter Abend.

Leider war am Montag dann schlechtes Wetter und wir mußten in Steinebach das Häuschen hüten. Jedoch von Langeweile keine Spur. Auch die Fahrt mit Manuelo ins Kino war wenig angenehm; dafür entschädigte uns Chaplin in „Limelight".

Der Dienstag war dann noch einmal so recht ein Tag für uns. Nachdem wir den Vormittag im Tierpark Hellabrunn verbracht hatten, fuhren wir mit Manuelo über Starnberg nach Andechs. War es nicht wunderschön, so gemütlich und ganz allein durch den prächtigen, prunkenden Herbst zu gondeln? Oft wohl ruhte meine Hand auf Deinem Knie, all die Schönheit sogen wir gemeinsam in uns auf. Wie traumhaft war der Blick vom Turm in Andechs! War es nicht, als wir uns küßten zugleich ein Verschmelzen, ein Hineinfließen in die Herrlichkeit Gottes schöner Natur und somit ein Loblied für Ihn?

Irgendwie muß sich unser inniges Verstehen auch nach außen gezeigt haben, denn wie wären wir sonst abends in der „Nachteule“ zu der zweiten Runde „White Lady“ gekommen, wenn nicht dieser Amerikaner etwas an uns, diesem für ihn anonymen Liebespaar, besonders gefallen hätte?!

Ich meine fast, der Abschied sei uns diesmal leichter gefallen als bisher. Und wieder bleibt nichts weiter zu sagen, als daß sich Kahlefelds Wunsch weiter und weiter erfüllte: es war immer noch schöner geworden

Genf.

Bald darauf fährst Du als AUPAIR-Mädchen nach Genf. Es folgten Tage und Nächte der Einsamkeit und unendlicher Sehnsucht, vor allem für Dich in der Fremde. Und wie herrlich, tröstlich und beglückend zeigte sich da unser Verbundensein, das Geborgensein in unserer tiefen Liebe. Gerade Deine Briefe aus Genf zeigen ihren unschätzbaren Wert; sie sind wohl die schönsten, die ich von Dir bekommen habe.

Und da ich sah, daß Du vor Sehnsucht krank zu werden drohtest, überwand ich das verhaßte „Unmöglich“ und besuchte Dich, kam zu Dir nach Genf, wenn auch heimlich. Bestimmt war es meinen Eltern gegenüber nicht richtig, aber ich konnte einfach ihr Verbot nicht riskieren. Jedenfalls bereue ich es nicht.

Waren die vier Tage Deines Besuchs in München Feiertage, so waren die Tage in Genf Alltage. Zum ersten Mal konnten wir uns nicht ganz aufeinander einstellen: da war die Pflicht, das Muß. Trotzdem waren sie so wertvoll wie die strahlenden Feiertage,- oder gar noch mehr.

Diesmal wartetest Du am Bahnhof, mit schickem neuen Mantel; ich kam mir vor wie ein Trampeltier, als ich neben Dir durch das elegante Genf polterte. Den Abend verbrachten wir in Hannelores Zimmer mit unserer Silvester-

Nachfeier. Und dann mußtest Du fort, es schien nicht anders zu gehen. Doch frech, wie wir sind, fanden wir eine Möglichkeit, und so lebte ich in der folgenden Zeit als „heimlicher“ Zimmerherr in Deiner süßen Bude. Warum wohl deine beiden alten Wirtsleute so schwerhörig sein mußten?

Nacht für Nacht waren wir beisammen und wurden uns nicht müde. Wie gut wir uns verstanden! Jede Möglichkeit nutzten wir bis zur letzten Minute aus, um zusammen sein zu können. Vormittags Spaziergänge mit Dominik, dem kleinen Sohn Deiner Herrschaft, Schlittenfahren, Einkäufe, mittags ein kleines Päuschen, abends irgendwo in der Altstadt oder gemütlich „daheim“ – und dann die ganze Nacht. Wie harmonisch bis in Kleinigkeiten war unser Beisammensein!

Erinnerst Du Dich an unsere diversen „Fondues“, an den „Coup du monde, das Tanzen in der Chesa? Eigentlich gibt es gar nichts Aufregendes zu berichten, es war ja auch recht selten, daß wir aus dem Bau schlüpften (und ich in Deinen Trenchcoat!). Und so nett der Abend im „tour de L ìle war, schöner und reicher waren die Abende bei Dir.

Siehst Du, mein Lieb, ich glaube, wir brauchen vor dem Alltag keine Angst zu haben. Wohl ist es wahr, daß man durch ihn müde und abgespannt, vielleicht auch gereizt heimkommt, aber um so mehr werden wir uns auf einander freuen, uns brauchen. Ich bin sicher, daß aller Ärger sofort verflogen sein wird, wenn uns der Friede und das Glück unserer Liebe erfüllt. Gott helfe uns, daß der Alltag nie stärker wird als unsere Liebe!

So waren die Tage in Genf wieder ein großer Schritt zueinander, entgegen dem Tag unserer Vereinigung für immer. Wie wird es sein, wenn wir verheiratet sind und selbst einen Jungen oder überhaupt Kinder haben? Nein, es ist nicht so, daß ich es nicht erwarten kann, aber ich denke doch oft daran. In Wirklichkeit ist mir das Wunder, daß unsere Liebe einmal neues Leben erwecken kann, noch sehr fremd und der Gedanke daran weit weg. Ich bin ja mitten in ein anderes Wunder eingehüllt, das mir viel mehr bedeutet: daß ich Dich habe, mit Dir verbunden bin, mein Wesen mit dem Deinen bis ins Innerste vermischen werde – so Gott es will! Das scheint mir das tiefste Geheimnis der Liebe zu sein. Daß es ein Fleischwerden dieses Eins seins gibt, sehe ich fast als ein Abgleiten vom Eigentlichen an, ja es erscheint mir als eine Zerteilung. Sicher werde ich erleben, daß das nicht so ist, daß in den Kindern sich eine neue Ebene die Liebe eröffnet. Verstehst Du mich, meine geliebte Nanne? Ich will es noch anders auszudrücken versuchen: es scheint mir der Moment, wo Mann und Frau sich völlig einander hingeben, wo die Frau mit Freude bereit ist, das Geschenk des Mannes zu empfangen, das von ihr das Geschenk aller Schmerzen und Opfer des Gebärens fordert, dieser Moment scheint mir größer, ja der größte in der Liebe zweier Menschen überhaupt zu sein; größer jedenfalls als nachher das Dasein des Kindes selbst, also die Vereinigung der Liebe beider in ihrem Kind.

Noch anders: Tiefstes Geheimnis, tiefster Sinn der Ehe ist nicht das Kind, sondern ist das Einswerden, das „Verwachsen“ bis in die tiefsten Wurzeln. Und dafür ist bestimmt das höchste körperlich einander Näherkommen, das unser Schöpfer uns ermöglichst und in das er zugleich die Erhaltung seiner letzten Schöpfung gelegt hat - uns damit sogar die Verantwortung über den Fortbestand unserer Art gebend - der tiefste und schönste Ausdruck.

Geliebte Marianne, dieser Glaube ist wohl das Schönste, was wir haben, das Beste, worauf wir unser Leben bauen können, damit es nie seinen Sinn verliert: das WERDEN in gegenseitiger Liebe bis zum Tod und die Vervollkommnung im Ewigen Leben.

Ich glaube, Du spürst, Liebes, daß das nicht nur frommklingende Sätze sind, daß es mir ernst ist. Wir wollen noch viel darüber sprechen, ja? Eines muß ich noch sagen: gerade in Genf merkte ich ganz deutlich, wie sehr ich in der Zeit unserer Bekanntschaft gereift war. Nicht nur, daß ich nach außen hin sicherer geworden bin, nein auch nach innen – da noch mehr – war ich sicherer. Ich hatte gelernt zwischen Echtem und Unechtem, zwischen Wirklichem und Konventionellem zu unterscheiden. Ich lernte das mir noch Unbekannte, Nichtgeistige erkennen und seine Wahrheit zu verstehen. Ich lernte, daß es einen himmelweiten Unterschied gibt zwischen Liebe und Liebe. In einem Wort: ich war gewachsen, gewachsen an Dir, meiner Marianne. Der Glaube, von dem ich vorhin sprach, ist also nicht unbegründet, hab ich doch seine Bestätigung an mir selbst verspürt. Ähnliches wirst Du möglicherweise auch von Dir sagen können. Unergründlich ist, warum gerade wir so viel Gnade bekamen, uns finden und lieben zu dürfen. Statt einer Antwort können wir nur immer wieder sagen: Gott sei Dank, Amen.

Uns überfüllts. Wir ordnens. Es zerfällt.
Wir ordnens wieder und zerfallen selbst.
Wer hat uns also umgedreht, daß wir,
was wir auch tun, in jener Haltung sind
von einem, welcher fortgeht?
Was er auf dem letzten Hügel,
der ihm ganz sein Tal noch einmal zeigt,
sich wendet, anhält, weilt - ,
so leben wir und nehmen immer Abschied.
Darin besteht die Liebe:
Daß sich zwei Einsame beschützen und berühren
und miteinander reden.

Rainer Maria Rilke

Absturz 1

„Ihr macht Euch doch nur etwas vor!" Unser Freund Eberhard Sander war es, der uns mit diesem vernichtenden Urteil konfrontierte. Als Augenarzt hatte er noch ein halbes Studium der Psychologie draufgesattelt, und Feingefühl war nicht gerade seine hervorstechendste Eigenschaft. Marianne und ich waren da schon längst verheiratet und genossen unsere Liebe in vollen Zügen. Daß unsere Freundschaft mit ihm diesen Frontalangriff überlebte, ist mir heute noch ein Rätsel. Ich glaube, wir fühlten uns einfach zu erhaben, zu sicher in unserer Zitadelle, um diesen Anwurf ernst zu nehmen. Heute, ein knappes halbes Jahr nach dem Tod meiner Frau, habe ich Anlaß, seine Worte neu zu überdenken. Die seinerzeit abgebrochene Diskussion noch einmal wieder aufzunehmen, ist freilich nicht möglich, denn Freund Ebi, wie er allgemein genannt wurde, haben wir vor zwei Jahren schon zu Grabe geleitet.

Lassen wir seine Attacke zunächst einfach so im Raum stehen; zu einem Absturz aus unserem Eldorado kam es jedenfalls damals nicht. Ganz im Gegenteil, der von uns vor allem auch in unseren Liebesbriefen aufgehäufte Berg an unbefriedigter Liebe verlangte ganz entschieden nach Einlösung in einem „endlosen" Leben, verlangte nach Verewigung, wie es Nietzsche ausgedrückt hat. Dieses große Wort findet sich sehr oft in unseren Briefen, es gipfelte in dem von mir geprägten Satz: *„Die Liebe ist eine Brücke, die über den Tod hinweg führt"* , mit dem ich wie einst Don Quijote einen Kampf gegen die Windmühlen eines alltäglichen, unbefriedigenden und beschmutzten Lebens aufnahm, meine Lanze vor allem gegen die überall wohlfeil angebotene Ware Liebe, unter der nur die „wahre Liebe" nicht zu finden war, richtete, sehr wohl fühlend, daß Liebe, Tod und ewiges Leben ein magisches Dreieck bildet, das erst in seiner Verbindung eine

Antwort auf die Frage nach dem Sinn des Lebens gibt. Ich weiß heute, daß wir damals einfach etwas verspätete Nachfahren des romantischen Lebensgefühls waren und voll Überzeugung der „blauen Blume“ hinterher jagten, in sicherer Gewißheit, daß es sie gibt, daß sie erreichbar sei.

Wenn ich dieses Kapitel mit dem Wort Absturz überschrieben habe, so aus einem anderen Grund: mein sonst so zuverlässiges Pferd Pegasus hat mich ganz hinterhältig bei leichtem Trab abgeworfen. Ich gedachte, die in meinen Augen so wertvollen Schätze unserer frühen Vergangenheit als Zeugen für unseren gemeinsam errichteten Lebensentwurf ins Feld zu führen, in der felsenfesten Überzeugung, damit alle eventuell aufkommenden Zweifel an seiner Tragfähigkeit beseitigen zu können. Und ganz plötzlich fand ich mich auf dem sprichwörtlichen Boden der Tatsachen wieder und rieb mir verdutzt die Augen. Als ich fast schon routinemäßig die schon geschriebenen Zeilen mit den Inhalten der ersten eineinhalb Tagebücher las, empfand ich ganz klar: meine Frau hatte recht, das war nicht der Stoff, der einer Veröffentlichung entgegen drängte. Und zwar weniger wegen seines intimen Charakters, sondern wegen meiner eklatanten Fehleinschätzung ihres Unterhaltungswerts. Ich verkannte, daß es sich bei unseren Tagebüchern wie auch unseren mehr als 600 Briefen im Wesentlichen um einen immer wieder aufgewärmten Einheitsbrei handelt, der stets die gleichen Zutaten enthält und auf nicht unmittelbar Betroffene recht schnell unzumutbar fad und langweilig wirken muß. Und mit dieser Erkenntnis war es mit dem Hochgefühl eines lockeren Trabs meines geflügelten Rosses vorbei und der Ritt endete mit dem berühmten „Plumps“, der kleine Kinder eine ganze Weile zur Verzückung führen kann, aber schließlich eben doch der Plumps in den Graben ist - und dazu noch die Aussicht bereit hält, von den Raben gefressen zu werden.

So nicht! Das schwor ich mir.

An diesem Schwur, wie könnte es anders sein, knabberte ich noch eine Weile herum. Könnte es vielleicht sein, daß mein Pegasus mit seiner neuen Gefährtin nicht zufrieden war, die ich ihm erst vor einigen Wochen nach biblischem Vorbild sozusagen aus seiner Rippe gefügt hatte, um bei literarischen Produkten besser zwischen „gereimt" und „ungereimt" unterscheiden zu können, und die ich in einem kleinen Gedicht Pegassine genannt hatte? Doch alle derartigen Versuche, einen Sündenbock zu finden, waren schnell entlarvt, und so bitte ich um Dein Verständnis, lieber Leser, daß ich mit finsterer Entschlossenheit meine schönen Krokodilleder-Bändchen wieder im Archiv verschwinden ließ.

Bleibt das Versprechen, einen Kurzfilm über unsere Vita zu präsentieren und einige wesentliche Höhepunkte daraus als Kristallisationspunkte zu gewinnen, um meinen Nachruf „mit Anstand" abschließen zu können. Daß dabei über weite Strecken der Charakter einer Krankengeschichte dominiert, ergibt sich aus den Ereignissen und ist letztlich nicht meine Schuld. Wie Viktor E. Frankl sagt, geht es aber nicht um die **Frage des Warum** etwas geschehen ist, sondern um die **Frage des Wie** etwas bewältigt wurde.

Wohl verlangt die Dramaturgie zum besseren Verständnis des Geschehens danach, einige wenige Ereignisse aus diesen sieben Jahren zu referieren, da sie zu dem vordergründigen Ablauf einen mysteriösen Hintergrund bilden, den wir deshalb auch unser Mysterium nennen, und der in unserer ganzen Liebesgeschichte einen herausragenden Höhepunkt bildet. Aber auch mit dieser Einschätzung fühle ich mich nicht recht wohl, denn was weiß ich, der ich da oben in der Zirkuskuppel im Scheinwerferlicht versuche einen simplen Salto hinzukriegen, schon von dem, was im Rund der Manege sonst so alles an ungewöhnlichen Begabungen und

Begebenheiten einzusammeln wäre, wenn man da nur eine ordentliche Castingcrew darauf ansetzen würde. In diesem Dilemma kann ich nur abwägen: ist mein Bericht aus den vermeintlichen Höhen der Zirkuskuppel schlicht ein Produkt meiner Geltungssucht oder aber die Erfüllung eines Auftrags, der mir schon bei Antritt meiner Zeitreise auf diesen Planeten mitgegeben wurde und somit erfüllt werden will? Diese Abwägung ist seinem Charakter nach ein reiner Indizienprozeß, noch dazu mit sehr dünner Indizienlage, und das Urteil liegt weitgehend in den Händen von Schöffen, also Laienrichtern, sprich meinen Lesern – ich kann da nur um ein mildes Urteil bitten…

Zwischenspiel: Grundsätzliches zum Thema Sexualität

Zunächst besteht da aber noch ein wichtiges Defizit aus entwicklungsgeschichtlicher Sicht, das im Interesse eines besseren Verständnisses meiner „Extravaganz in Sachen Sex“ angesprochen werden muß. Die Anführungszeichen im letzten Halbsatz signalisieren schon, daß Sex ein Begriff ist, der damals in unseren Kreisen nur mit spitzen Fingern angefaßt wurde, wenn überhaupt. Und das galt nicht nur für Kindheit und Jugend, sondern weit in das Erwachsenenalter hinein. Das galt aber nicht nur für die Regeln des Anstands im Elternhaus, es galt für mein Dasein ganz generell: ich wuchs nämlich sozusagen aseptisch auf, denn ich kannte damals so gut wie keine Straßenkinder-Umgebung, noch entstamme ich Kreisen, in denen es sozusagen zur Grundausstattung fürs Leben üblich war, dem Sohnemann einen Besuch in einem einschlägigen Etablissement als Einführungslektion mitzugeben. Ich war da schon weitgehend auf meine eigenen fünf Sinne angewiesen, zum Glück aber von

Mutter Natur mit einer guten Portion Phantasie ausgestattet worden.

Als ich fünf Jahre alt war, zogen meine Eltern in ein eigenes Haus in Solln um. Solln galt damals als eine der besten Adressen in München, vergleichbar vielleicht mit Grünwald einige Jahrzehnte später. Allerdings bezieht sich das auf das sogenannte Villenviertel von Solln, das aber von dem dörflichen Alt-Solln, in dem es noch einige richtige Bauernhöfe gab, nahezu hermetisch getrennt war. Unsere Nachbarn waren Professoren, Ärzte, höhere Beamte, Unternehmer und einige wenige Adlige, und es war weitgehend eine evangelische Enklave im sonst überwiegend katholischen Ort. Und die Umgangssprache war Hochdeutsch, selbst in der Schule war bayerisch verpönt. Ich nehme an, daß die meisten unserer Nachbarn im „Who is who" zu finden waren, wenn es das damals überhaupt schon gegeben hat.

Für mich bedeutete dies, daß meine Freunde fast ausnahmslos Söhne aus der besseren Gesellschaft waren; Töchter gab es vermutlich auch, aber bei unserem „Heldenspiel" der verschiedensten Couleur waren sie *personae non gratae*, allenfalls zum an den Marterpfahl binden hatten sie eine Chance, als Mitspieler akzeptiert zu werden. Mit dem Ausdruck Couleur soll gesagt sein, daß es bei unseren Spielen im Wesentlichen um Rothäute und Weiße ging, um Soldaten aus Zinn und Blei, aber auch aus Fleisch und Blut, und daß die Spiele der bewaffneten Helden auch gefährlich waren. Einmal ging ein solches Spiel für mich gerade - vermutlich unter Mithilfe einiger Schutzengel – noch glimpflich aus, denn einmal traf mein Pfeil einen Gleichaltrigen aus dem Hause Pietsch direkt unter dem Auge, was fast zu einer standgerichtlichen Aburteilung des Übeltäters führte.

Nebenbei: Fußballspielen gehörte noch nicht zu unseren Lieblingsbeschäftigungen.

Mit „Defizit“ meine ich aber nicht den Fußball, ich meine tatsächlich die Rolle der Mädchen, sagen wir besser: die Tatsache, daß es überhaupt ein weibliches Geschlecht gibt. Letztlich hat dieses Thema uns Jungen begleitet bis in die höheren Klassen des Gymnasiums. Eine für mich unvergeßliche Episode mag das belegen.

Ich kann ziemlich sicher sagen, daß der Vorfall, der fast zu einem Direktoratsverweis für einen gewissen Schüler Fischer geführt hat, in der achten oder gar neunten Klasse, also kurz vor dem Abitur, stattgefunden hat. Es war im Biologie- Unterricht, und es ging um das Liebesleben der Schmetterlinge. Da stand dieser Schüler auf und sagte etwa Folgendes: „Also Herr Professor Kaudewitz, jetzt hören wir wieder einmal etwas vom Liebesleben der Schmetterlinge, was wir bestimmt schon dreimal gehört haben. Könnten wir nicht auch einmal etwas über das Liebesleben der Menschen erfahren?“ Die anderen Schüler sperrten erst einmal Mund und Nase auf, brachen dann aber in ein homerisches Gelächter aus, und der Unterricht drohte aus dem Ruder zu laufen. Der Verursacher war übrigens nicht ich, sondern mein Namenskollege Helmuth Fischer, der meist nur der „Guatl-Fischer“ genannt wurde, weil seine Eltern einen Süßigkeitsladen hatten. Man sieht aber daraus, das Defizit war allgemein, und das hatte Methode. Auf der gleichen Ebene liegt auch das Faktum, daß es in den ersten Nachkriegsjahren im Geschichtsunterricht keine Behandlung des zwanzigsten Jahrhunderts gab, dafür aber dreimal die Zeit Karl des Großen. Offenbar hatte das dafür zuständige Kultusministerium die jüngste Vergangenheit beziehungsweise ihre Interpretation noch nicht in Lehrmaterial umgeschrieben und so blieben die letzten Seiten unserer Schulbücher eben leer.

Bei mir gab es aber noch weitere erschwerende Umstände.

An anderer Stelle habe ich berichtet, daß ich eine leibliche Schwester, Anneliese, hatte, die bei meiner Geburt schon vierzehn Jahre alt war. Aus einem von ihr hinterlassenen Schulheft mit von ihr selbst verfaßten Gedichten kann ich entnehmen, daß sie ihr Brüderchen sehr geliebt hat, aber aus eigener Erinnerung habe ich keinen Anhaltspunkt, an dem ich diese Liebe festmachen könnte. Einzig eine Szene, bei der ich so etwa fünf Jahre alt war, spielt da noch ein ganz blasses Schattendasein, nach heutiger Diktion könnte man sie in die "#me-Too- Diskussion" einbringen, allerdings mit umgekehrtem Vorzeichen: „Bettszene mit Verführung eines Kleinkinds". Aber sonst war für mich das Bemerkenswerteste an ihr, daß sie nie da war. Nun ja, bei dem Altersunterschied hatte sie natürlich auch andere Interessen. Da sie mit zweiundzwanzig schon geheiratet hat und zwei Jahre später bei einem Fliegerangriff auf München umgekommen ist, sind alle Spuren ihrer Existenz weitgehend verwischt. Ich habe sie auch nur als Zeugin dafür aufgerufen, um meine unfreiwillige Abstinenz gegenüber dem weiblichen Geschlecht und seinen körperlichen Ausprägungen verstehen zu machen.

Der Vollständigkeit wegen sei aber auch hier noch einmal erwähnt, daß diese Abstinenz keinesfalls auf mangelndes Interesse zurückzuführen ist, ganz im Gegenteil. Wie es in der Pubertät als ganz normal zu erwarten ist, drehte sich auch in meinem Entdeckungsdrang viel um dieses heiße Thema. Was ich mit meinen Andeutungen nur sagen will, ist, daß es in dem mir zugänglichen Bereich einfach am lebendigen Anschauungsunterricht fehlte, denn auch meine Mutter hielt sich auf diesem Gebiet außerordentlich stark bedeckt, an dem sich die Phantasie eines heranwachsenden Jungen hätte andocken können.

Ich will das noch an einem letzten Beispiel verdeutlichen.

Meinen Lesern ist vielleicht noch aus meinem Buch „Glück und Glas“ in Erinnerung, daß ich einige Male die Bretter, die die Welt bedeuten, betreten habe. So spielte ich im Alter von achtzehn Jahren in einem harmlosen Bauerntheater den jugendlichen Liebhaber mit einer Theatergruppe aus der katholischen Jugend von Solln. Unter den Mitspielern waren auch Jugendliche aus anderen Sollner Ortsteilen, die auch die bayerische Sprache beherrschten und sprachen. Auf den Proben und dann auf den Busfahrten, mit denen wir uns und unser durchaus recht erfolgreiches Stück ins bayerische Oberland brachten, kam ich zum ersten Mal so richtig mit der vulgären Sprache der Alteingesessenen in Verbindung, einschließlich der zuvor tabuisierten Ausdrücke des Ordinären rund um das Sexgeschehen, diesmal aber auf bayerisch. Einerseits sog ich das in mich ein, andererseits wirkte die extreme Tabuisierung dahingehend fort, daß sich bei mir nicht nur das Verbot sondern mit ihm ein Widerwillen, ja ein Abscheu auftat, überhaupt davon zu sprechen; ich war sozusagen gleich doppelt in eine Zwickmühle geraten.

Ich hoffe, daß ich mit diesen Episoden hinreichend klarmachen konnte, warum mein Eintritt in die heiligen Hallen von Liebe und Sexualität so idealisiert und damit problembehaftet war. Übrigens sehe ich dies heute als Achtzigjähriger sicherlich ein Stück weit gelassener und abgeklärter als in der Sturm- und Drangzeit, wo eben der Forscherdrang im Vordergrund stand.

Ich gebe zu, daß meine letzten Bekenntnisse einen etwas langen Anlauf darstellen, um den Boden für die Erzählung eines Ereignisses in unserem Leben zu bereiten, das ich mit aller Scheu als ein spirituelles, mystisches bezeichnen möchte und von dem ich auch früher noch nie gesprochen habe.

Mysterium

Nach diesem eher heiteren Zwischenspiel bist Du, lieber Leser, jetzt sicher nicht mehr überrascht, wenn Du erfährst, daß mein Zusammentreffen mit Marianne, die die Frau meines Lebens werden sollte, trotz allem bisher Gesagten, wie ein Blitz aus heiterem Himmel auf einen weitgehend unvorbereiteten kleinen Jungen traf, der dieser trotz seines großspurigen Gehabes war. Mit meinen siebzehneinhalb Jahren war ich ein absolut unauffälliger kleiner Pennäler, soweit ich es selbst beurteilen kann, in keiner Weise herausragend und beeindruckend. Vielleicht ein etwas zu lockeres Mundwerk, eine zu speckige Lederhose und eine zu eng gewordene weiße, von der Mutter gestrickte Wolljacke, dazu ein nur für Kenner, wie es meine Frau ganz zweifellos war, sichtbarer „eingebildeter Pinsel“ am nicht vorhandenen Hut. Was Marianne daran reizvoll fand, weiß ich bis heute nicht zu sagen. Auf spätere Anfrage erklärte sie, die zwei Jahre Ältere, sie habe immer schon etwas für kleine Jungen übrig gehabt. Sie dagegen war eine strahlende Schönheit, aber ich glaube, sie war sich dessen gar nicht richtig bewußt. Es war vor allem ihre absolut natürliche Selbstsicherheit, die mich an ihr faszinierte, dazu ihre ansteckende Fröhlichkeit und reife menschliche Wärme, die sie ausstrahlte. Diese letztgenannte Eigenschaft habe ich vielleicht damals schon erschnuppert, aber sicher noch nicht so formulieren können, doch sie sollte sich zu ihrem Markenzeichen entwickeln und trat besonders in ihren letzten Lebensjahren in voller Blüte in Erscheinung. Fast aus jeder der vielen Zuschriften, die ich zu ihrem Tod erhielt, kam dies in irgendeiner Form auch zum Ausdruck.

Wovon ich erzählen möchte, ist eigentlich gar nicht „erzählbar“, entzieht sich dem mit Worten Faßbare, war ein

Glücks- und Erkenntnismoment, in dem die Schöpfung sich für mich für einige Sekunden als ein wunderbares Ganzes enthüllte, wo ich, wie Saint- Exupery es ausdrückte, am Ende aller Fragen angekommen war.

Leider läßt sich ein solcher Moment nicht festhalten. Ich glaube, daß unsere grauen Zellen einfach nicht über die Fähigkeit verfügen, Irreales, absolut Inkompatibles zu kategorisieren, mit schon Bekanntem zu vergleichen, um es bewerten und abspeichern zu können. Die Mathematiker haben dafür die Bezeichnung „inkommensurabel“ geprägt: unvergleichbar, weil unterschiedlichen Erfahrungsebenen zugehörig. Aber auch die zweite Kommunikationsebene, die sprachliche Ebene versagt. Die menschliche Sprache ist zwar das Intelligenteste, was menschlicher Geist hervorgebracht hat. Aber bei Erfahrungen aus dem den Sinnen nicht zugänglichen Bereich ist sie hilfloser als ein Baby, das versucht, sich lallend mitzuteilen. So muß ich Dich, lieber Leser, mit der Deutung des Geheimnisses, das sich mir für einen ahnungsvollen Augenblick enthüllt hat, allein lassen.

Es war ziemlich sicher am Anfang des dritten Jahres unserer Beziehung, als ich spät abends in ihr Zimmer schlüpfte zu einer Liebkosungsrunde; Nanne war bei uns in München zu Besuch und wir erlaubten uns da schon, wenn die Umstände es zuließen, aneinander zu nippen, um dieses Frühstadium der Liebe ohne seine letzte Erfüllung einmal so zu bezeichnen. Die Amerikaner, die ja für alles feste Begriffe haben müssen, nennen das, soweit ich weiß, „Petting“. Und da hatte ich sie dann voller Glück im Arm. Sie war wohl schon eingeschlafen, aber ihr pralles Leben strömte in unsäglicher Fülle auf mich über, ich hatte meine Hände um ihre Brüste unwillkürlich zu einer Schutzmauer geformt mit dem einen, alles beherrschenden Gedanken, in ihr das gesamte Leben auf dieser Welt, das sie in diesem Moment verkörperte, zu bergen, zu schützen, zu erhalten. Das Heben und Senken ihrer Brust wurde für mich zum Symbol allen Seins – oder sollte ich sagen, zum Synonym der ganzen Schöpfung? Gleichzeitig war mein Erleben und Erbeben wie das Erschauern beim Anblick eines glühenden Lavastroms, der alles übersteigt, einschließt, aber auch gleichzeitig ausschließt, ein kosmisches Naturereignis. Ich bin kein wirklicher Esoteriker, aber wenn ich den aus diesem Bereich stammenden Begriff „kymischeHochzeit“ in ein Bild fassen wollte, dann würde ich kein besseres finden können als das, was mich damals überkam: das Ahnen der allumfassenden Einheit allen Seins.

In der Bibel gibt es ein paarmal den Ausdruck: ***und er erkannte sie***. Ich glaube seither zu wissen, was damit gemeint ist.

Zu dem Bereich des Mystischen, des unerklärlichen Geheimnisses gehört vor allem aber ein Brief meiner Marianne, den sie mir etwa im dritten oder vierten Jahr unseres „Wartestands“ geschrieben hat. Er handelt von der Opferrolle einer liebenden Frau. Sie war fest davon überzeugt, daß die ausgleichende Gerechtigkeit danach verlange, gewährtes großes Glück in der Liebe mit späterem Leid zum Ausgleich bringen zu müssen. Sie fand dafür auch eine literarische Bestätigung in dem Buch „Stürmischer Frühling“ von Frank Thiess. Und sie schrieb, daß sie vor diesem zu bringenden Opfer, das auch ihr bevorstehe, keine Angst habe, wenn wir es nur gemeinsam tragen dürften.

Ihre Ahnung sollte sich nach nur sieben glücklichen Ehejahren erfüllen und uns mit geballter Wucht treffen. Ziemlich genau am Ende dieses siebten Jahres wuchs in ihrem Kopf ein großer Tumor heran, und zwar parallel zu ihrer vierten Schwangerschaft. Ihr Zustand verschlechterte sich von Tag zu Tag, eine Untersuchung jagte die nächste, bis schließlich die Diagnose „Gehirntumor" feststand. Und doch kam eine Operation zunächst nicht in Betracht, da Marianne nach Meinung der Ärzte nicht stabil genug sei, Beides, Entbindung und Operation, durchzustehen. Nach qualvoll verbrachten Weihnachtstagen brachte sie dann am 16. Januar unser viertes, glücklicherweise gesundes Kind, unsere Tochter Claudia, „spontan" zur Welt. Neun Tag später wurde ihr der Tumor in einer vierstündigen Kopfoperation – es war ein mandarinengroßes sogenanntes Akustikus-Neurinom – herausoperiert. Dabei erlitt sie einen Herzstillstand, konnte aber nach kurzer Zeit reanimiert werden. Es folgten in den nächsten beiden Jahren viele weitere Operationen, einerseits, um die Schäden, die durch den weitgehenden Verlust der linken Kleinhirnseite entstanden waren, zu reparieren, andererseits wenigstens kosmetisch die Hemiparese der linken Körperseite, von der vor allem das Gesicht, Auge und Mund betroffen waren, zu mildern. Etwa ein halbes Jahr später konnte ich meine Marianne im Rollstuhl wieder nach Hause holen. Es ist für mich heute noch kaum zu fassen, wie klaglos, ja selbstverständlich meine Marianne diese Schicksalsschläge ertragen hat.

Claudia blieb nach ihrer Geburt noch zwei Monate in der Station für Frühgeborene und wurde anschließend von unseren Freunden Ute und Rupert Goetz als Pflegekind in Obhut genommen, ein unschätzbarer Freundschaftsdienst, für den wir bis an unser Lebensende dankbar sein werden.

Auch für die restlichen drei Kinder im Alter von sechs, viereinhalb und eineinhalb Jahren nahmen sich verschiedene unserer Freunde rührend an und halfen uns in vielerlei Form, sei es durch Einladung in den Ferien, sei es in Form von dicken Paketen mit Kleidung und Lebensmitteln. Eine große Last schulterten auch meine Eltern, in deren Haus wir mietfrei wohnten, insgesamt sechsundvierzig Jahre lang.

Marianne erholte sich langsam so weit, daß sie sogar wieder selbständig nach München fahren konnte und, zwar mit Stockhilfe aber mit Freude, dem geliebten Kunstgenuß in verschiedenster Form nachgehen konnte. Auch unser Sommerhäuschen Steinebach am Wörthsee erwies sich als großer Segen, wurde als luxuriöse „Reha“ empfunden und auch von Freunden gern und häufig besucht.

Allerdings konnten wir unser Steinebacher Häuschen auf Dauer nicht halten und verkauften es fünf Jahre später. Von dem Verkaufserlös konnten wir uns dann aber eine größere – und im Lauf der Jahre immer noch weiter wachsende– Segelyacht leisten, mit der/denen wir dann dreißig Jahre lang im Mittelmeer herum schipperten, was in meinem Buch *„Den Wind in der Hand“* beschrieben ist.

Ein Sturz auf unserem letzten Schiff im Hafen von Korfu mit Oberschenkelhalsbruch meiner Frau setzte diesem schönen Hobby, das auch für meine unter ihrer Behinderung zunehmend leidenden Nanne ein hochgeschätztes Freiheitsgefühl bot, schließlich im Jahr 2002 ein Ende; eine Fortsetzung nach ihrer Genesung wäre nicht mehr zu verantworten gewesen.

Nun, nach gut fünfzig Jahren auf dem Wasser, anfangs zwar nur in den Ferien, nach meiner Pensionierung aber monatelang am Stück, war dieses Abenteuer auch „ausgelutscht“, wir waren „segelsatt“, und wir hatten in Großhesselohe ja ein schönes Haus mit Garten, Schwimmbad und Wintergarten, da war es gut und, da ebenerdig zu bewohnen, auch bequem für Nanne zu leben, die allerdings zunehmend an einen Rollator gebunden war. Die letzten Jahre war sie dann wieder an den Rollstuhl gefesselt. was sie alles ohne Murren und Klagen hinnahm. Die letzten zwölf Jahre bis zu ihrem Tod genossen wir das Privileg, in Bernried am Starnberger See leben zu dürfen. Wir beide versuchten, mit der Krankheit und ihren Folgen so gut wie möglich fertig zu werden. „Das Unvermeidliche mit Würde tragen“, wie es in dem von meinen Eltern oft zitierten Gedicht von Adolf Friedrich Carl Streckfuß so schön formuliert ist. Wie sehr sich Nanne in dieser schweren Kunst zum Meister entwickelt hat und als leuchtendes Beispiel von so vielen Menschen verehrt wurde, sollte ich so richtig erst bei ihrer Beerdigung erfahren. Bis dahin galt uns das Leben, zu dem sie die Krankheit verurteilt hatte, als zwar beeinträchtigt, aber trotzdem eben als kostbares Geschenk.

Mein Kapitel „Mysterium“ verlangt aber vielleicht noch eine Antwort auf die Frage, ob und gegebenenfalls wie sich ihre „Nahtoderfahrung“, wie man das heute ja nennt, auf unser beider Leben ausgewirkt hat. Die schlichteste Antwort darauf lautet: so gut wie gar nicht, zumindest nicht äußerlich. Nanne berichtete zwar auf Anfrage, daß sie sich in einem Bereich von hellem, warmen Licht befunden habe und sich so wohl und aufgehoben fühlte, daß sie den unbekannten „Weg ohne Rückkehr“ am liebsten weitergegangen wäre, als Mutter von vier kleinen Kindern aber die Verpflichtung fühlte, diese nicht allein auf der Welt zurücklassen zu können und schließlich der Einflüsterung dieser mahnenden Stimme nachgab und in ihren Körper zurückkehrte. Vielleicht waren es auch die Stimmen der Betenden, denn in den entscheidenden Tagen des Geschehens wurde in der kleinen katholischen Gemeinde von Großhesselohe bei jedem Gottesdienst auch für meine Marianne fest und inbrünstig gebetet. Ich bin auch nicht weiter mit dieser Frage in sie gedrungen, da sie ganz offensichtlich nicht mehr darüber sagen konnte oder wollte. Das Leben ging ja nun erst einmal weiter, und wir bemühten uns beide, das Geschehen so weit wie möglich als verblassende Vergangenheit etikettiert ins Regal zu stellen und nach Vorne zu schauen. Eines kann oder muß ich aber jedenfalls sagen: das religiöse oder gar spirituelle Leben hat durch ihren ersten Abschied vom irdischen Dasein keinerlei Impuls in Richtung Vertiefung des dazu geschenkten zweiten Lebens von immerhin noch einmal fünfzig Jahren erfahren, eher im Gegenteil. Wohl waren wir uns immer dankbar bewußt, welches Geschenk uns damit gemacht worden ist. Eine Richtungsänderung war damit aber nicht verbunden, weil, ich sage das jetzt ziemlich arrogant, die Richtung auch schon vorher gestimmt hat; ein „Jedermann-Effekt" wie nach einer Festspielaufführung in Salzburg war jedenfalls für einen interessierten Theaterbesucher bei uns sicher nicht ablesbar.

Für mich und bis zu einem gewissen Grad auch für die erwachsenen Kinder sieht die Bilanz aber sicher etwas anders aus. Nanne, wie sie ja auch von Kindern und Enkeln genannt wurde, ging trotz der schwindenden Kräfte voll in ihrer Rolle als Mutter und Großmutter auf, war allen voll zugetan, interessierte sich unermüdlich für deren Entwicklung und wurde hoch verehrt und heiß geliebt. Was sie an Lebenskraft verlor, ersetzte sie durch liebevolle Zuwendung, ihre Lebensfreude schwand nie, im Gegenteil, sie wirkte ansteckend. Ein überzeugender Beweis mag das Gedicht ihres jüngsten Enkels Jonas sein, das er zu ihrer Beerdigung gemacht und vorgetragen hat. Ich kann mir kaum vorstellen, daß ein Verstorbener mit noch mehr Liebe zu Grabe getragen wurde als sie. Doch diese Beerdigung verdient ein eigenes Kapitel.

Brautgabe

Wo immer sich die Sprache aufgefordert findet, eine höchste Beglückung auszusagen, da weiß ihr Mund sie nicht inniger zu umschreiben als durch das Bild zweier Menschen, die einander für immer gefunden haben. "Brautgabe" – das bedeutet die hochzeitliche Gabe der Liebe für die Liebe, die Feier der tiefsten und persönlichsten Vereinigung, in die Menschen zueinander treten können. In dieser Vereinigung aber, als der schönsten Erfüllung des Einzellebens, vollzieht sich gleichzeitig auch dessen Vereinigung mit dem All-Leben: die Stunde der Braut bedeutet die Stunde der gewaltigsten aller Kräfte, die den Kosmos trage – der Eros ist das eigentliche Gesetz des Lebens. Durch sein Walten erneuert sich die gesamte Schöpfung, indem sie gleichsam den Uranbruch der Dinge widerspiegelt. Wie es ein Liebesakt Gottes war, der nach der Lehre der Theologie die Welt setzte, so ist es auch ein Liebesakt, durch den sie fortbesteht. In der Umarmung der einander bräutlich verbundenen Wesen wird der schöpferische Funke frei, an dem sich das Leben immer wieder neu entzündet.

Gertrud von le Fort

So ist sie, meine Rosinante! Erst macht sie mit energischem Abwurf ihres offenbar doch nicht in allen Satteln gerechten Reiters ihrem Unmut Luft, wenn ich mit der zeitlichen Reihenfolge der einzelnen Kapitel meiner Liebesgeschichte allzu sorglos umgehe, und dann stupst sie mich mit ihren feuchten Nüstern zum wiederholten Male in die Rippen, wobei ich die vage Vermutung habe, daß sie mir signalisieren will, daß zu einer richtigen Liebesgeschichte, die sich gar über 7 Jahre hingezogen hat, irgendwann ein fulminantes

Happy-End gehört. Ein Hinweis, dem ich nur zu gern folge, auch wenn ich damit doch noch einmal mein Archiv öffnen muß, um das letzte Heft meiner Tagebücher wieder hervor zu kramen.

Neben dieser etwas schlaksigen Entschuldigung für den Bruch meines zuvor abgelegten Schwurs habe ich aber noch eine andere, wie ich meine bessere Begründung für meinen späten Rückgriff auf die Zeit der Erfüllung unserer langjährigen Reise ins Glück: die unerwartete Aktualität eines Themas, das eigentlich fast schon abgehakt schien: das Thema Kriegskinder. Korrekterweise muß ich sagen: Kriegsenkel, die plötzlich wissen wollen, wie die Kriegskinder mit ihren Traumata, den Krieg noch erlebt zu haben, fertiggeworden sind. Da bietet sich mein Bericht, den ich ursprünglich freilich nicht direkt mit dem Titel „Brautgabe" versehen habe, als ein zeitnahes Dokument an, das Aufklärung und gleichzeitig „Happy-End-iges" für den mindestens vorläufigen Abschluß unserer Liebesgeschichte zu bieten hat.

Übrigens: mein zunächst scheinbar „getürkter" Stups meiner Rosinante hat sich tatsächlich ereignet, wenn auch nur im übertragenen Sinn. Der Tod meiner Frau hat mich veranlaßt, mein im Obergeschoß unseres Hauses liegendes Zimmer mit dem ebenerdig gelegenen meiner Frau zu vertauschen. Das wiederum hatte zur Folge, daß ich mich von dem größten Teil unserer ansehnlichen Bibliothek trennen mußte, was schließlich in einer schlimmen Entsorgungsprozedur endete. Dabei ging es in erster Linie um gute Bücher, für die wir noch einen Abnehmer zu finden hofften, während kleine Taschenbuchausgaben direkt in den Container wanderten. Tochter Veronica, die am Einzug in die freiwerdende obere Wohnung interessiert ist und eine sehr effektive Wegwerferin abgab, spielte aber doch den Bibliotheksengel und reichte mir ein kleines Büchlein, aus dem ein handgeschriebener Briefbogen herauslugte; dies war immer ein Zeichen, das Neugier weckte! Der Titel des Büchleins „Die Brautgabe“ sagte mir nicht viel, der Name des Verfassers, Gertrud von le Fort, schon mehr, aber die eingelegte Widmung, unverkennbar meine Handschrift, erwies sich als Volltreffer:

Die Sonne scheint, und Wunder überall – ich bin so glücklich. Tausendmal tausend Dank, Dir, meiner Geliebten! Und IHM! In tiefster Innigkeit: Dein.

Das Büchlein wanderte natürlich nicht in den Container, abends las ich die wenigen Seiten mit großer Freude über die Wiederentdeckung, und beschloß, wenigstens das erste Kapitel in mein Buch zu übernehmen, falls es einmal dazu kommen sollte, geschrieben zu werden.

Wichtiger ist: es fiel mit ein, meiner Braut auch einmal einen eigenen literarischen Braut-Strauß gebunden zu haben, der sich bei einer „Stern-Jungfrau“, die bekanntlich nichts wegwirft, finden lassen müßte. Damit war dann überhaupt der Anstoß entstanden, die „geheimen Tagebücher“ auf ihre Verwertungsmöglichkeit zu überprüfen.

Also: Wir schreiben inzwischen das Jahr 1958, und Weihnachten rückt näher und näher, damit auch das Problem, und damit übernehme ich wieder den Originalton aus dem Tagebuch: … *wie kann ich Dir, meiner Braut, eine wirkliche Freude machen? Alle möglichen Pläne wurden geschmiedet und wieder verworfen (manche auch nicht). Eines ging mir dabei deutlich auf: man kann mit Geld zwar recht schöne Dinge kaufen, sicher auch manche Freude machen, aber es ist eine andere Art der Freude, sozusagen nicht die richtige, es ist eine irgendwie materielle Freude – und damit wird das Geschenk schnell unpersönlich. Gibt es nicht noch eine bessere Freude?*

Ja, die Freude des Seins. Daß alles so ist, wie es ist. Daß sie so ist, wie sie ist. Daß er so ist, wie er ist. Daß wir so sind, so aufgehoben, so verstanden, geliebt. Die Freude des Seins im Herzen des Du; die Freude der Liebe, des Liebens. Diese Freude möchte ich in Dir zu erwecken versuchen, in Dir, meiner von ganzem Herzen geliebten Braut. Ich möchte, daß Du wieder das so warme, sichere, innige Gefühl spürst: ich werde geliebt – und viel mehr als das! Du sollst ganz tief in Dir jauchzen, Du sollst zu Dir sagen: ich bin die glücklichste Frau der Welt! Ein anmaßendes Vorhaben! Aber Du verstehst mich schon: ich wünsche halt so sehr, das zu können: Dich zur glücklichsten Frau der Welt zu machen. Der Wunsch ist doch sicher nicht anmaßend!

Laß mich ein wenig davon sprechen.

Aus den Erzählungen meiner Mutter weiß ich, daß mein Vater sie mit vielen Versprechungen erobert hat. Sicher nicht nur damit, aber immerhin. Wenn sie davon sprach, war ich immer etwas befremdet. Selbstverständlich zog ich Vergleiche zu uns. Du kennst das Ergebnis selbst: es gab bei uns solche Versprechungen nie. Sicher kannst Du Dir ungefähr ausmalen, daß ich mich ernstlich fragte, ob das richtig ist, oder ob Du nicht vielleicht Ähnliches von mir erwartetest. Nun, ich glaube nicht. Trotzdem ist der Unterschied zu den Auffassungen unserer Eltern einige Überlegungen wert; er liegt nämlich in unserer Zeit begründet.

Ist es nicht seit den Ereignissen der letzten Jahrzehnte geradezu lächerlich geworden, einer Frau materielle Sicherheit, Emporkommen, Wohlstand, gesellschaftliches Ansehen, Bequemlichkeit usw. zu versprechen? Das Erreichen und Erhalten dieser Dinge steht einfach nicht mehr in der Macht des Einzelnen. So erschreckend diese Tatsache ist, so sehr hat sie auch ihr Gutes. Sicher, es ist schön und gut, seine Frau mit dem Panzer geordneter, wohlsituierter Bür-

gerlichkeit gegen alle Sorgen und Nöte des „Lebenskampfes" schützen zu können. Wirklich, eine gute, beruhigende Aussicht auf ein beschauliches Leben im trauten Familienkreis.

Merkst Du, Schatzl, wie muffig diese Begriffe sind? Und das nicht etwa nur, weil sie unmodern geworden wären, sondern weil sie falsch geworden sind. Es wäre eine leichtsinnige und verderbliche Täuschung, auf diese Begriffe zu vertrauen; ihnen zu vertrauen als Grundlage des Lebens. Das Risiko, eines Tages vor den Trümmern zu stehen, ohne aus ihnen etwas Neues machen zu können, erlaubt solche Träumereien nicht mehr.

Ich bedauere diese gewiß ungeheure Entwicklung nicht. Denke doch bloß einmal an die Steifheit, Erstarrung, Kälte, Fäulnis dieser sog. Bourgeoise. Hätte der Bruch so entsetzlich sein können, wenn die Ideale dieser Zeit noch etwas bedeutet hätten? Es war alles nur noch Attrappe. Du brauchst Dir nur z: B. die Bilder der Romantik anzusehen: welche Behäbigkeit, Sicherheit, Problemlosigkeit! Die Ideale der Zeit: Wohlstand, Geld, Genuß, Amüsement. Was blieb? Nichts, so weit das Auge reicht, Not, Elend, Verzweiflung, Bitterkeit herrschten unerbittlich.

War es nicht etwas Notwendiges, ja Gutes, daß die Menschheit mit leeren Händen dastand, daß ihr die Nichtigkeit ihrer Güter, die Wertlosigkeit ihrer Ideale so eindringlich vor Augen geführt wurde, so daß sich niemand dieser Erkenntnis entziehen konnte? Man kann sich wirklich fragen: wie konnte die Menschheit diese Katastrophe überleben? Was blieb ihr noch? Heim, Wohlstand, Sicherheit, aber auch Ehre, Gehorsam, Vaterland und wie die Ideale sonst noch hießen, waren entwertet. Trotzdem überlebten die Menschen diesen Zusammenbruch; sie überlebten, weil sie sich auf längst Verlorenes besannen. Das ist gemeint, wenn Du manchmal hörst, diese Zeit sei gut gewesen; Theaterleute, Musiker sagen das, und auch Geistliche.

Und heute?

Liebste, Du erinnerst Dich sicher auch noch gut an das, was Don Helmuth in Jerez sagte: es ist schon wieder sehr viel faul bei uns. Die Jagd nach dem Glück, das Geld heißt, ist erschreckend.

So ähnlich geht meine damalige Zustandsbeschreibung noch einige Seiten weiter, Ich denke, sie ist den meisten, vor allem den Älteren gut bekannt. Bedenklich erscheint mir nur, daß sie heute, gute fünfzig Jahre später, noch genauso ihre Gültigkeit behalten hat, aber schließlich findet man ähnliches auch bei den alten Griechen und Römern. Ist es, wie manche kluge Leute sagen, ein Kennzeichen einer sterbenden Kultur? Ich widerstehe mühsam der Versuchung, mich mit der heutigen Geisteshaltung der Menschheit zu befassen und stattdessen zu den Folgerungen zu kommen, die wir Kriegskinder damals daraus gezogen haben.

Du wirst Dich sicher fragen, Liebste, warum ich Dir davon schreibe; sicher hast Du etwas ganz anderes erwartet. Bin ich plötzlich Pessimist oder Fatalist geworden? Ganz sicher nicht. Es geht mir vielmehr um sehr Wichtiges.

Schau mal, Schatzl, neulich habe ich im Fernsehen ein paar Bilder von Hiroshima gesehen. Der Sprecher sagte, er habe nur sehr schwer Fotos von dieser Tragödie bekommen. Als er sie dann endlich in Händen hielt, um die Sendung zusammen zu stellen, habe man sich nach langer Diskussion entschlossen, sie nicht zu zeigen, da sie zu entsetzlich seien. Lediglich ein Bild wolle er zeigen.

Es war weiter nichts darauf zu sehen als eine ziemlich verwitterte Steintreppe, wie aus Lavagestein mit dem undeutlichen Schatten eines Menschen darauf. Der Mensch selbst aber war nicht da. Er ist in Sekundenbruchteilen ver-

dampft, völlig ausgelöscht, in nichts aufgelöst. Nur sein Schatten blieb, weil sein Körper den Stein an der Stelle den Stein weniger stark schmelzen ließ.

Dieses Bild hat mich ungeheuer erschüttert, ich werde es nie vergessen. Und es zwingt zu ernster Besinnung.

Was ist der Mensch? Was sind wir? Was ist unser Leben? Gibt es etwas, was dieser grauenhaften Auflösung widerstehe kann? Liebste, Du weißt es: es gibt nur uns, Dich und mich, unsere Liebe in HIS HAND. Nichts sonst. Alles andere ist vergänglich, ist Täuschung.

Es ist sehr heilsam für mich gewesen, daß ich neulich unserer Liebe nicht mehr so sicher war. Liebste, ich war, glaube ich, in meinem Leben noch nie so wüst, so leer wie da. Wie wäre es erst gewesen, wenn statt Unsicherheit die Gewißheit des Endes in mir gewesen sein würde! Was ich auch überlegte, es blieb nichts. Weder die Realität der Dinge, noch der Trost der Kunst. Da hilft kein Mozart und kein Beethoven, Bücher sind nichts als toter Ballast. Erinnerungen, Phantasie, Freunde, Eltern, Beruf: alles wird verhaßt – von einem selbst ganz zu schweigen. Wirklich, ich hätte nie gedacht, daß Liebe so ausschließlich ist, daß sie so hoch über allen anderen Werten steht.

Marianne, meine Liebe, ich glaube, Du verstehst jetzt, warum ich Dir so düstere Bilder malte. Wir sollten immer daran denken, dann werden wir wissen, was wichtig ist und was nicht; was wertvoll ist und was nicht. Und sehr oft werden wir dann sagen: es lohnt sich nicht, sich darüber aufzuregen; es lohnt sich nicht, sich deswegen zu sorgen; es lohnt sich nicht, sich deswegen zu ärgern; es lohnt sich nicht, deswegen zu streiten. Es lohnt nur eines: das Gute, und da steht an erster Stelle: sich liebhaben. Es geht einzig und allein darum, daß alles im Leben seinen richtigen Platz hat, seinen richtigen Sinn bekommt. Sicher geht es Dir auch oft so. Du siehst in das müde, enttäuschte Gesicht eines gealterten Menschen, siehst die Runzeln und Furchen, hörst ihn sprechen und bist erschüttert von der Bitterkeit in ihm. Wenn man genau hinschaut, kann man sogar den Schatten des Todes auf dem Gesicht sehen. Dann wird die Unentrinnbarkeit dieser unzweifelhaften Tatsache in Dir bewußt. Bald, so denkst Du vielleicht, werde ich an seiner Stelle sein...Und auch aus diesem Gedankenlabyrinth, das einen unwillkürlich schauern macht, gibt es nur einen Ausweg: der Glaube und das feste Vertrauen auf die Un-end-lich-keit der Liebe, die vollkommen ist im undendlichen Gott. Schau, Geliebte, darauf müssen wir immer vertrauen. Nicht, weil es Gerechtigkeit geben muß, kann der Tod nicht das Ende sein, sondern vielmehr, weil die Liebe nicht Liebe wäre, wenn sie plötzlich aufhörte. Und es muß deshalb der Tod nur eine Verwandlung sein, weil --- aber das läßt sich nicht mit einem Satz sagen…:

Siehst Du, meine Gute, ich habe Dich doch wirklich lieb; ich glaube, Du weißt das, und das nicht nur aus bloßen Beteuerungen. Oft meine ich, ohne Dich nicht leben zu können. Sehr oft denke ich an Dich und möchte Dir so viel Liebes tun. Dann aber sitze ich wieder stundenlang hier am Schreibtisch und werkle, oder ich tue sonst etwas mehr oder weniger Vernünftiges. Dein Bild steht zwar vor mir, aber es ist nicht mehr als die Schale mit Schreibzeug, der Kalender oder die Lampe. Wohl sehen meine Augen vielleicht einmal hin, aber das Gesehene dringt nicht in mein Bewußtsein ein. Ich lese, gehe ins Kino oder Theater, unterhalte mich mit dem oder jener – kurz, ich bringe es fertig, stundenlang so zu leben, als wenn es Dich gar nicht gäbe. Wenn mir das dann zum Bewußtsein kommt, schäme ich mich und leide darunter. Ja, und dann frage ich mich, ob das überhaupt Liebe ist, was ich nur so ab und zu so heftig spüre.

Schatzl, es würde endlos werden, wollte ich Dir den circulus vitiosus schildern, den meine Gedanken dann gehen. Leider muß ich Dir gestehen: ich erliege immer wieder diesen Grübeleien. Das wird sich auch nie ändern, glaube und hoffe ich; denn hätte ich einmal das Gefühl, Dich nun genug zu lieben, so wäre das das Ende der Liebe. Nicht?

Es ist die Unvollkommenheit, das Unzulängliche unserer Ausdrucksfähigkeit, die Unbeständigkeit unserer Gefühle, unter denen wir leiden. In uns ist die verzehrende Sehnsucht nach Vollkommenheit, nach Genügen können, sich und dem Anderen. Deshalb, Liebes, muß es diese Vollkommenheit einmal geben, diese grenzenlose – im wahrsten Sinn des Wortes – Liebe, nach der wir uns so sehr sehnen.

Meine Geliebte, meine Braut, Du – müssen wir uns nicht, wenn wir unser gemeinsames Leben beginnen, Gedanken darüber machen, was wir damit anfangen wollen?

Darum schreibe ich das nochmal nieder, was, unausgesprochen zum Teil, uns schon immer verbindet.

Wie dürfen einfach nicht im Alltag versinken und unser Leben an Kleinigkeiten vergeuden. Wir wollen unser Leben so schön gestalten wie nur eben möglich. Da so etwas sicher jeder junge Mann sagt, muß ich dieses „schön" etwas näher bezeichnen.

Vorhin sagte ich Dir, daß ich Dir nie Sicherheit, Wohlstand, Sorglosigkeit versprechen kann. Ich verspreche Dir aber – und das ist genauso Gelöbnis wie Bedürfnis -, daß ich vor allem anderen Dich lieben will, mit allen meinen Kräften und meinem ganzen Herzen. Du sollst immer zuerst kommen, es soll mir nichts wichtiger sein als Du. Dir das zu sagen, war und ist Sinn und Zweck dieser Seiten. Und das zu tun, ist Sinn und Inhalt meines ganzen Lebens, und so soll es immer sein!

Liebste, spürst Du denn, daß das mehr als ein Versprechen ist? Weißt Du, es ist fast paradox, aber es ist etwas daran: für mich ist dieses Versprechen ebenso wichtig wie für Dich. Kann ich es nicht halten, so ist damit mein ganzes Leben gescheitert. Es ist für mich ebenso wichtig wie für Dich, weil Du und ich ja ein Wesen, ein Leben wird. Aber das sind alles Worte, kalte, abgestandene, schale Worte. Wie kann ich Dir nur sagen, wie ernst es mir ist?

Marianne, Du mein Alles – Du bist mir von Gott gegeben und anvertraut worden; ich habe Dich erkannt als das beste Wesen, das ich kenne, als wundervolles, gütiges, herzliches, lebensfrohes, wertvolles, frommes, tief liebendes, unsagbar frauliches, innig – schönes Geschöpf; ich habe Dich erkannt als die zu mir, und nur zu mir, passende andere Hälfte; ach, und ich liebe Dich ja so sehr!! Ich weiß, daß die Liebe zu Dir das Beste in mir ist, und daß sie allein das Leben voll und reich macht. Du Gute, laß uns ganz fest zusammenhelfen, daß unser gemeinsames Leben, als ein Wesen, eine Ganzheit, immer von unserer Liebe seinen Glanz und seine Wärme erhält.

Die letzten Seiten dieses letzten Tagebuchs sind gefüllt mit Träumen vom künftigen gemeinsamen Leben, wie es einer Brautgabe auch gut ansteht. Ich möchte sie nicht der Öffentlichkeit preisgeben. Vielleicht gibt es ja so etwas wie die Akasha-Chronik, ein „Weltgedächtnis“, in dem alles aufgezeichnet ist, wie die Esoterik behauptet. Dort kann es denn meinetwegen in alle Ewigkeit stehen bleiben.

Ein letzter Satz soll als Abschluß noch zitiert sein:

Und wenn von dem allen nicht viel bleibt, wenn manches eben nur Traum bleibt, so wird es trotzdem schön – wenn wir beide uns bleiben und uns liebhaben! Das ist das ein und alles, darum wollen wir bitten. Und dann, Liebste, davon bin ich überzeugt, werden auch Leid und Sorgen erträglich werden und sich in Gold verwandeln.

In wie weit sich unsere Vorstellungen von unserem Lebensentwurf realisiert haben, das möchte ich selbst nicht kommentieren; ich denke, daß für jeden Interessierten genug Material verfügbar ist, um sich selbst ein Bild zu machen. Es geht ja auch nicht darum, in einem fiktiven Wettbewerb einen vorderen Preis zu gewinnen, es geht ja nur darum, durch die Erzählung unserer Geschichte ein paar Antworten zu geben, wie wir, als Eltern oder Großeltern, als Nanne und Manfried unser Leben gestaltet und die darin gestellten Aufgaben zu meistern versucht haben. Wenn ich jetzt sage, daß es egal ist, was der geneigte Leser daraus macht, dann würde ich allerdings in falsche Bescheidenheit verfallen; es ist schon auch Stolz dabei, der mich veranlaßt, *den Leuchter auf den Schemel zu stellen*, in der Hoffnung, daß sein Licht anderen ein wenig hilft, einen gangbaren Weg im Labyrinth des Lebens zu finden.

Eine der dabei aufgesammelten Perlen möchte ich aber noch ganz besonders herausheben: **die Freundschaft**.

Wenn ich so über die besonders wertvollen Ereignisse, die unser Leben zum Strahlen gebracht haben, nachdenke, so sind es vielfach die Feste, die wir im Kreise der Freunde gefeiert haben. *Saure Wochen, frohe Feste, sei Dein künftig Zauberwort* gibt Goethe im Schatzgräber die Losung vor. Sein Rat ist nach unserer Erfahrung wertvoller als Gold, denn Freundschaft ist mit nichts zu bezahlen.

Und gemeinsame Feste sind deren Unterpfand.

Mit diesem Toast auf die Freundschaft sei nun der narrative Teil meiner Berichterstattung beendet. Im Folgenden geht es um den Versuch, ein paar Auffälligkeiten zu deuten, die das

Leben für uns bereitgehalten hat, um daraus etwas über den Sinn unsers Daseins herausdestillieren zu können: es geht um den Versuch, dem kosmischen Strickmuster, wie ich es gern nenne, nachzuspüren.

Koinzidentien

Mit dieser Überschrift wirst Du, lieber Leser, vielleicht nicht viel anfangen können. Ich will in diesem Kapitel sozusagen erste Fingerübungen für das große Thema „Blume des Lebens“ aufzuzeigen versuchen. Die Blume des Lebens ist ja ein uraltes Symbol für den Bauplan des Lebens und für die Unendlichkeit des Seins. Das für mich besonders Erstaunliche daran ist, daß dieses Muster der „heiligen Geometrie“, das aus sich überschneidenden Kreisen besteht, in allen Kulturen vorkommt und auch deren wichtigste Symbole wie den Lebensbaum, den Satz des Pytagoras, die Merkaba und die Quadratur des Kreises beinhalten. Aus der Fülle der Bedeutungen seien nur hervorgehoben: das Symbol der Kreis-Form, das wie die Natur keine gerade Linien kennt, sondern immer eine runde und harmonische Formensprache verwendet; so auch in dem Muster der Verknüpfung für die linke Gehirnhälfte als Sitz des Verstandes und Ordnungsprinzips mit der rechten Gehirnhälfte als Sitz von Gefühlen und Intuition. Ich bin auf sehr eindrucksvolle Weise mit diesem Ur-Energiesymbol durch den Besuch der Kathedrale von Chartres in Berührung gekommen, in deren Bauplänen die Blume des Lebens die architektonische Grundlage bildet.

Zu diesen Fingerübungen sind am Beispiel der Musik auch meine Vorstellungen einzuordnen, der „Unvollendeten“ – die h-moll Sinfonie von Schubert war für mich mein Leben lang das ergreifendste Stück Musik, das mich immer zu Tränen rührte – noch eine ganz persönliche kleine Fuge anzufügen. Ich bin, das möchte ich vorausschicken, kein Musiker, aber ich empfinde vor allem klassische Musik als die tiefste, letztgültige Ausdrucksform für alles Lebendige, für das Geheimnis der Schöpfung schlechthin. Sie vermag, was unsere Sprache nicht kann: uns wirklich anzurühren, im Herzen zu treffen. Sie ist als göttliche Musentochter die Gebieterin über die Ausdrucksmöglichkeit von Freud und Leid, und damit eben auch die Gebieterin für den Fluß der Tränen. Als“ kleiner Poet“ kann ich da auf komponierende Musiker nur neidisch sein.

Unter Fuge verstehe ich das Konstruktionsprinzip, das ein musikalisches Thema nach vorgegebenen Regeln in eine feste Form bringt; man könnte im übertragenen Sinn sagen, das, was die Leitmelodien eines Lebens oder einer Beziehung zu einem unverwechselbaren Ganzen zusammenfügt. Die wesentlichen Gestaltungsmaterialien sind Akkorde, Harmonien und Resonanzen, also alles, was durch sein Zusammenklingen Musik wird. Nach meinem Verständnis ist eine Melodie für sich allein verloren, solange sie nicht auf Resonanz trifft, wie jedes einzelne Leben verloren ist, wenn es nicht auf ein Du trifft. Doch genug der Theorie, die ich mir da zusammengebastelt habe und die einem Musiker vielleicht die Haare zu Berg stehen läßt, die für mich aber als schlüssige Form erscheint, eben mein Schlüssel ist. Wobei anzumerken ist, daß jeder Vergleich hinkt, aber das merkt man ihm ja ohnehin schon an.

Erwähnen möchte ich in diesem Zusammenhang das in Umfang und Tiefe höchst beeindruckende Werk von Joachim E. Berendt, durch das wir in „Die Welt ist Klang“ eingeführt wurden, in das Weltreich der Musik mit seinen zahllosen Wundern und Zeichen für sinnliches und übersinnliches Hören bis zum großen, alles umfassenden „OHM/Amen“

Jetzt aber erst einmal die Antwort auf die Frage: was sind Koinzidentien? Es sind die Punkte oder Momente, wo durch das mehr oder weniger zufällige Zusammentreffen von Ereignissen eine Lebenslinie ein Stückchen verändert wird.

Auch das ist sicher nicht die allseits akzeptierte Definition, wenn man im Internet danach googelt, aber als Schriftsteller hat man ja zum Glück eine gewisse Freiheit, etwa die des Klempners, sich das Blech zu biegen, wie es der Situation gerade am besten angepaßt ist.

Oft ist ja auch in solchen Fällen ein Beispiel zur Erklärung hilfreich. Also: daß sich die zwei Menschen Marianne und Manfried kennen und lieben gelernt haben, liegt vordergründig daran, daß sie zu gleicher Zeit am gleichen Ort waren, und – ganz wichtig! – das Gleiche gesucht haben. Nicht so leicht ist die Frage zu beantworten, ob es sich bei dieser Koinzidenz um einen Zufall oder um eine Fügung handelt, salopp ausgedrückt, wer da die Fäden gezogen hat .An dieser Frage kann man sich ein Leben lang die Zähne ausbeißen!

Koinzidentien sind also so etwas wie die Wegmarken, die für wichtige Lebensentscheidungen richtungsweisend sind oder waren; sie aufzuspüren ermöglicht tiefe Einblicke in die Partitur eines Lebens.

Nach Koinzidentien im eigenen Leben zu fahnden, ist somit ein ungeheuer aufschlußreiches Spiel, das ich all jenen besonders empfehlen kann, die ein plötzliches Ereignis aus der Bahn geworfen hat, vornehmlich der Tod eines geliebten Menschen. Du wirst vielleicht fragen, lieber Leser*: und was bringt mir dieses Spiel, wenn ich doch nichts rückgängig machen kann?* Da habe ich eine vortreffliche Antwort, sie steht in Stein gemeißelt über dem Orakel von Delphi und ist als eines der hochrangigen Lebensziele allgemein bekannt und anerkannt*: **„Erkenne Dich selbst“.*** So gesehen ist es also sehr viel mehr als ein Spiel, aber ich glaube Dir versprechen zu können, daß es, wenn es Dich einmal erfaßt hat, so spannend ist, daß Du kaum noch damit aufhören kannst, es zu spielen.

Bevor ich nun ganz in den Bereich der Philosophie abdrifte, will ich wieder zum Gegenstand meiner Betrachtung zurückkommen und versuchen, einige wenige aus einem ganzen Strauß von solchen geheimnisvollen „Vergißmeinnichte“ ein Stück weit aufzublättern. Nicht ganz unerwartet geht es da um die tiefsinnige Frage nach dem Muster: „ *Liebt sie mich, oder liebt sie mich nicht*“. Da Du, lieber Leser, den Ausgang dieses Entblättern schon gut genug kennst, will ich gleich einen großen Sprung machen und mich ein paar Beispielen zuwenden, die mit dem Thema meines Buches in Zusammenhang stehen.

Du magst es vielleicht als einen Taschenspielertrick ansehen, aber ich denke da sofort an den Einstein, den mit dem Vornamen Albert. Diesen ziemlich gewagten Gedankensprung muß ich natürlich erst einmal einigermaßen „verdaubar“ machen, wozu die folgende Geschichte dienen soll.

Nanne brauchte im Laufe der krankheitsbedingten körperlichen Probleme vor allem in der Hygiene eine weibliche Hilfsperson. Obwohl ich der Meinung war, die notwendige Hilfestellung auch selbst leisten zu können, stimmte ich letztlich, und zwar durchaus mit einer gewissen Erleichterung der Lösung zu, die sich unerwartet anbot. Auf Empfehlung aus dem Freundeskreis bewarb sich eine junge Türkin um diesen Job und wurde von uns auch gern für zeitweilige Mithilfe etwa für Fahrdienste zu Arzt- und Therapieterminen, aber auch zu gelegentlichen Ausstellungsbesuchen, sozusagen auf Zuruf engagiert. Es entwickelte sich sehr schnell ein familiäres Verhältnis zu Dilek, wie sie hieß und hoffentlich auch noch heißt, die zwar bei ihrer Geburt Türkin mit mongolischem Blut in der Adern war, sich aber mit deutschem Paß und perfekten deutschen Sprachkenntnissen ausweisen konnte. Wichtiger noch war, daß sie als Sufi-Anhängerin nicht nur eine überzeugte Predigerin der Liebe als der gemeinsamen Lebensgrundlage aller Menschen auftrat sondern auch danach lebte. Leider hat sie sich auf ungeklärte Weise nach gut einem Jahr dem „bürgerlichen Leben“ entzogen und lebt vermutlich ihrem Glauben in einer entsprechenden religiösen Einrichtung.

Aber ich habe wenigstens ein Zeugnis der Liebe, das sie mir hinterlassen hat. Denn sie war es, die mir den Zugang zu dem Brief Einsteins mit seiner „Weltformel“ verschafft hat. Dieses Dokument ist zwar ohne weiteres im Internet zu finden und beliebig herunter zu laden, aber wenn man nicht weiß, daß es existiert, dann kommt man ja nicht auf die Idee, es überhaupt zu suchen. Denn der Brief aus Einsteins Feder wird ganz einfach totgeschwiegen, er kann sozusagen kein echter Einstein sein, denn es ist keine mathematische Formel, in der er die Welt ausgedrückt hat, es ist schlichte Prosa in Umgangssprache. Ja und dann ist da auch noch von Liebe die Rede, etwas, was für einen Mathematiker eine andere Welt ist als die, in der er zu denken gewohnt ist. Einstein hat das wohl gesehen und deshalb seine Tochter *Lieserl,* an die der Brief gerichtet ist, angewiesen, daß er erst zwanzig Jahre nach ihrem Tod veröffentlicht werden dürfe. Ich habe diesen für mich eminent wichtigen Brief in meinen letzten beiden Büchern zitiert, in *„Achtung, Baustelle“* auch kommentiert, will ihn aber trotzdem noch einmal den bei Mariannes Beerdigung verwendeten Texten beigeben. Er zählt, wie schon gesagt, an vorderster Stelle zum „Weltkulturerbe“ und kann gar nicht oft genug wiederholt werden. Denn der von Einstein so genannte „Generator der Liebe“, über den jeder Mensch verfügt, ist nach meiner Überzeugung tatsächlich der einzige Ausweg aus der Krise, in die sich die Menschheit manövriert hat, die einzige Hoffnung für den Fortbestand unserer Rasse – wenn er denn eingesetzt wird und die Herrschaft im Kampf der in der Welt konkurrierenden Ideen gewinnt. (Du findest Einsteins Brief unter den Texten, die bei Nannes Beerdigung verwendet wurden.)

Aus meiner Sicht, die die Lebenserfahrung eines alten Mannes darstellt, ist dies aber auch die einzige Hoffnung auf ein „happy end“ für die Menschheit.

Eine andere Koinzidenz hat mit der Steinsäule zu tun, die demnächst auf Nannes Grab aufgerichtet werden wird. Es ist auch ein vulkanisches Produkt, eine Basaltsäule aus Vietnam, dort, wenn die Informationen korrekt sind, aus der Erde gewachsen und in einer Schiffsladung, die für eine deutsche Edelsteinausstellung bestimmt war, nach Bayern gekommen ist, wo sie von einem Steinmetz aus Schlehdorf am Kochelsee für seine Grabsteinproduktion aufgekauft wurde. Nun kommt es zur ersten Koinzidenz. Die Basaltsäulen stehen auf dem Grundstück des Steinmetzes, Hammer mit Namen und warten auf gelegentliche Verarbeitung zu einem Grabstein. Dort sieht sie ein Internist aus Penzberg, Dr. Winter, der sich mit Strahlungen von Edelsteinen beschäftigt und diese wegen ihrer hohen Strahlkraft in seiner Praxis zur Behandlung von Knochenleiden einsetzt. So erwirbt der massiv an Rückenleiden laborierende Gastwirt, der Patient bei Dr. Winter ist, eine mannshohe Säule und stellt sie vor seinem Wirtsgarten auf. Meine Frau und ich verkehren oft in dieser Wirtschaft und lassen uns erzählen, wo die Säule herkommt und warum sie da steht. So erfahren wir, daß unser Wirt seit der Aufstellung des Basalts in seiner Küche wieder weitgehend schmerzfrei arbeiten könne. Um es kurz zu machen: einige Wochen später steht auch in unserem Garten eine Basaltsäule aus Vietnam von Meister Hammer. Auch meine schmerzgeplagte Frau empfindet eine leichte Besserung ihrer Beschwerden und hält sich gerne in der Nähe der Säule auf, vor allem, wenn diese tagsüber viel Sonnenwärme aufgenommen hat und sie abends wieder abstrahlt. Ja und nun steht die Säule wieder bei einem

Steinmetz in Weilheim, der sie zu einem Grabmal verarbeitet soll.

Allerdings sind meine Kinder und ich vom dem ersten Ergebnis seiner Gestaltunngsvorschläge nicht begeistern und lassen die Sache erst einmal ruhen.

Zwei Tage später erschien in der Süddeutschen Zeitung ein Artikel über einen Kunstschmid in der Nähe von Gauting, der sich mit der Idee selbständig gemacht hat, Grabdenkmäler zu entwerfen, die etwas von der Persönlichkeit des oder der Verstorbenen wiedergeben wollen. Das könnte, so sagten wir uns, unser Mann sein, denn wir wollten genau das: meiner Frau durch die Gestaltung ihres Grabes etwas Unverwechselbares mitgeben, das die Besonderheit ihrer Person und ihres Lebens wiederspiegeln soll, so wie wir das auch bei der Gestaltung ihrer Beerdigung schon versucht haben. Nun hoffen wir, daß auch diese Koinzidenz das gewünschte Ergebnis zeitigt. Es werden dann zwei ganz bestimmte vulkanische Steine die bleibenden Zeugen ihrer irdischen Existenz sein, die in ihrem Leben eine Rolle gespielt haben und von ihrer Lebensfreude und ihrem liebevollen Herzen künden sollen.

Ein letztes Beispiel für Koinzidenz möchte ich noch referieren, weil es die Gelegenheit eröffnet, etwas aus unseren letzten zusammen verbrachten Lebensjahren zu erzählen. Nebenbei findet sich in dieser Story auch der Startpunkt für meine Beschäftigung mit dem Phänomen der Koinzidentien, der also noch gar nicht so lange zurückliegt.

Die Geschichte begann in den Jahren nach Abschluß unserer Segelleidenschaft, von dem ich oben berichtet habe. Was sollten wir jetzt mit unserem Leben unter Berücksichtigung unserer noch abrufbaren Kräfte anstellen? So ganz hinter dem Ofen verkriechen wollten wir uns ja auch nicht. Vor allem gedachten wir, dem bayerischen Winter ein

Schnippchen zu schlagen, indem wir ihm ein kleines Schnippchen aus seinem für uns viel zu langen Gewand schnitten und in wärmeren Gegenden Zuflucht suchten. „Wer sucht, wird fündig“ sagt ja das Sprichwort, und so landeten wir auf Empfehlung von Freunden kurze Zeit später auf Teneriffa de Canaria, um 14 Tage in einem deutschen „Wellness-Hotel“ in Punta de Hidalgo im Norden der Insel zu verbringen. Wir schrieben das Jahr 2001, und da war das Wort Wellness noch kaum geboren, das dementsprechende Angebot noch recht bescheiden, für uns aber genau richtig, wozu neben den verschiedenen Bademöglichkeiten in unterschiedlich temperiertem Süß- oder Salzwasser eine ausgezeichnete physiotherapeutische Abteilung eine wichtige Rolle spielte, in der neben dem entsprechenden handwerklichen Können auch noch jahrein, jahraus kölnische Fröhlichkeit zu Hause war. War für körperliche Gebrechen so schon eine erfolgversprechende Behandlung angesagt, kam auch Kunst und Kultur nicht zu kurz. Denn für die Abende sorgte ein abwechslungsreiches Programm mit Autoren- Lesungen und Konzerten für niveauvolle Unterhaltung. Neben dem frühlingshaften Klima mit häufigem Sonnenschein erfreuten die phantasievoll arrangierten Gartenanlagen und das ewig rauschende Meer die Sinne, und auch das lukullische Angebot verwöhnte mit einer ausgewogenen Mischung aus einheimischen und internationalen Genüssen. Auch ein Programm für spirituelle Erbauung wurde geboten, so u. a. auch für meditativen Tanz, das von einer Helga zur Linden geleitet wurde. Der Name elektrisierte mich, denn ein Dr. zur Linden hatte etliche Jahre in dem Haus in Solln, in dem ich die Kriegs- und Jugendjahre verbracht hatte, als Nachmieter Wohnsitz und Praxis gehabt; und seine Frau, so meinte ich mich zu erinnern, hieß Helga. Und tatsächlich: sie war es.

Nun wäre das noch nicht besonders erzählenswert. Aber dazwischen lag noch eine Begegnung, die einen beträchtlichen Anteil an Skurrilität aufweist, was in meiner aus Kindertagen verbliebenen Neugier begründet ist.

Als ich nämlich zufällig wieder einmal an der Sollner Villa, die dem Gartenhaus Goethes in Weimar nachempfunden war und in der sich der größte Teil meiner Jungend ereignet hatte, vorbei fuhr, verspürte ich das dringende Bedürfnis, sie noch einmal betreten zu dürfen, um zu sehen, was sie noch an „alten Empfindungen“ für mich wecken würde. Da sie ja die Praxis des mir bis dahin unbekannten Dr. zur Linden beherbergte, meldete ich mich als Patient bei ihm an – mein strapazierter Rücken bot dafür auch einen entsprechenden Anlaß – und stand nach angemessener Frist wieder in dem geliebten Treppenhaus, wo ich mich als Kind stundenlang damit beschäftigt hatte, Glasmurmeln durch die in das Stiegengeländer geschnittene Rinne so dosiert zu kullern, daß sie nicht aus der Kurve sprangen. Der Geruch nach frischer Farbe, der in meiner Erinnerung einen besonderen „haut gout“ ausmachte, war freilich nicht mehr aufzuspüren, aber sonst wurde ich mit der Wiederentdeckung so mancher Details aus dem Kindheits-Bilderbogen reich belohnt; belohnt auch von den Künsten des japanischen Arztkollegen von Dr. zur Linden, der auf den schönen Namen Dr. Miau hörte und gar kunstreich mit Akkupunkturnadeln, Schröpfgläsern und Moxgeräten umzugehen wußte. Den eigentlichen Zweck meines Praxisbesuches verschwieg ich oder erwähnte ihn nur am Rande, der Praxisbetrieb erlaubte wohl auch keine lange Beschäftigung mit den Reminiszenzen meiner Kindheit.

Nun, nach dem völlig unerwarteten Wiedersehen in einem anderen Land und unter anderen Umständen, war die Bekanntschaft mit den zur Lindens schnell vertieft und führte unter anderem zu interessanten Gesprächen über Koinzidentien, ein mir damals noch unbekanntes Thema, über das der inzwischen im Ruhestand befindliche Dr. zur Linden gerade wissenschaftlich arbeitete. Was dabei herausgekommen ist? Ich weiß es nicht. Zu meiner Schande muß ich gestehen, daß ich nach der ersten Begeisterung die Weiterverfolgung seines Vorhabens aus den Augen verloren habe. Aber daß etwas hängengeblieben ist, siehst Du, lieber Leser an meinen späten Reflexionen in diesem Buch. Unmittelbar dabei herausgekommen ist jedenfalls, daß wir bei Helga zur Linden meditatives Tanzen kennengelernt haben und schließlich kurze Zeit später auf einer Pilgerreise (per Auto) nach Chartres in der berühmten Kathedrale in der Morgenfrühe mit einer Pilgergruppe aus Deutschland zu a capella-Gesang getanzt haben, etwas, was ich nie für möglich gehalten, besser: mir nie zugetraut hätte.

Wenn Du, lieber Leser, an ähnlichen Entdeckungsreisen Gefallen gefunden haben solltest, gebe ich Dir einen Tip: alle Veränderungen in Deinem Leben, seien es Veränderungen des Ortes, der Tätigkeit, die Begegnung mit anderen Menschen, die eine gewisse Bedeutung in Deinem Leben haben, sind für die Auffindung solcher Anstöße zu kleinen oder auch großen Richtungsänderungen grundsätzlich verdächtig!

Zugegeben, das dabei in Erscheinung tretende Strickmuster ist natürlich uralt, ist es doch das Strickmuster des Lebens schlechthin; eigentlich ist es nur eine andere Bezeichnung für die Spuren, die, ich sagte es schon, die Partitur eines Lebens ausmachen, wie auch immer man sie nennen mag. Ich bleibe aber dabei: sind diese Linien auch der Rahmen für das Ganze, die Frage, ob dabei von Fall zu Fall ein Dur- oder ein Mollakkord herauskommt, wird weitgehend von Dir bestimmt, von Deiner Antwort auf die Dir zustoßenden Ereignisse, also von **Deiner Resonanz.**

Zum Abschluß dieses Kapitels bietet es sich an, meinen kleinen Hexameter „Morgen am Teide“ hier einzufügen; Teide, dem optisch überragenden Gebieter dieser wunderbaren Landschaft gewidmet, von dem ja auch der der oben erwähnte geschmolzene Opal aus dem Schoß von Mutter Erde geboren wurde, als Symbol für das Spiel der Formen im Kosmos.

Morgen am Teide.

Nenne mir Muse den Berg, den Beherrscher der sonnigen Insel,
der sich erhebt aus den Fluten des zeitlos anbrausenden Meeres,
Deutschlands Gebirge und Spitzen mühelos er überragt sie.
Früh am Morgen ihr seht ihn, wenn es das Wetter denn zuläßt:
Rosenfingrige Eos umspielt den jungfräulichen Busen.
Während Apoll sich schon rüstet und einspannt die feurigen Rosse
für seine Fahrt des Triumpfes, dem Sieg über nächtliches Dunkel.
Großmütig schenkt er sein Strahlen Allen, die danach lechzen
Leben und Kraft daraus schöpfen, schenkt es ohn` jegliche Rechnung
Dankbar, ihr lieben Gefährten, erfreut euch des göttlichen Schauspiels!

Falls jemand noch weiter Lust hat auf Koinzidentien: ich hätte da noch ein ganz besonders schönes Beispiel, das, so vermute ich, locker die inoffizielle Weltmeisterschaft in dieser Disziplin erringen könnte, wenn man nach der Liste des berühmten englischen Bierbrauers geht, und zwar sowohl, was den Überraschungsmoment als auch, was Geschwindigkeit und Erfolg des Ereignisses angeht: unser Umzug nach Bernried. Ich habe darüber schon einmal in dem Kapitel „Himmel über Bernried" in meinem Buch *Glück und Glas* berichtet, möchte deshalb auch nur noch ganz kurz anfügen, daß sich dieser Hauptgewinn in der „Oldie-Lotterie 70 Up" auch im Rückblick auf nun volle 12 Jahre Nachhaltigkeit in jeder Beziehung als Volltreffer erwiesen hat. Will sagen: obwohl wir im Alter von über 70 Jahren nicht im Entferntesten an eine Ortsveränderung gedacht haben, gerieten diese letzten zwölf Jahre zu den erfreulichsten unseres Lebens, jedenfalls nach den Kriterien Lebensqualität, Schönheit und Bequemlichkeit. Auch nach längerem kritischem Nachdenken fällt mir kein Punkt ein, in dem ich von dieser Aussage Abstriche zu machen hätte. Und das schließt auch meine Frau ein, die bis zu ihrem Tod das Landleben genossen hat und auch ihren dringenden Wunsch, kein Krankenhaus mehr aufsuchen zu müssen durch den vorbildlichen Einsatz vor allem unserer Hausärztin, Frau Dr. Katharina Klein, erfüllt bekam und wohlversorgt und weitgehend schmerzfrei im Kreise ihrer Lieben sterben durfte. Was das „Schönste Dorf Deutschlands" dazu beigetragen hat, habe ich in groben Umrissen in meinem Videofilm „Vivat Bernried" aufgezeichnet und veröffentlicht, quasi als „Promotion ehrenhalber".

Nachtrag in Sachen Koinzidentien

Also ganz offensichtlich habe ich meinen Exkurs zum Thema Koinzidentien noch nicht zur vollen Zufriedenheit meines Arbeitgebers abgeschlossen, denn: kaum habe ich die letzten zwei Seiten geschrieben und damit auch das ganze Kapitel in dem Gefühl abgeschlossen, mich einigermaßen verständlich ausgedrückt zu haben, da wurde ich völlig überraschend, wie das in diesem Gewerbe anscheinend eine häufig in Erscheinung tretende Gepflogenheit darstellt, eines Besseren belehrt.

Gemach, lieber Leser, gemach. Ich weiß, daß ich da sehr summarisch und damit unpräzise von meinem Arbeitgeber gesprochen habe, und mir ist auch klar, daß ich damit eine Erwartungshaltung bei Dir geweckt habe, zu erfahren, wen ich damit meine. Noch bitte ich um etwas Geduld, denn, offen gesagt, ich bin mir da selbst noch nicht im Klaren; aber ich habe die feste Hoffnung, daß ich da zur rechten Zeit schon noch einen Hinweis erhalte, wie das ja gestern auch passiert ist.

Du erinnerst Dich, daß ich, als ich Dich auf die Gefilde der Musik führte, von der Partitur des Lebens sprach, von Unvollendetem und dem Versuch, ein kleine persönliche Fuge zur Ergänzung, eine Deutung auf spiritueller Ebene zu bieten: schlicht, eine Ahnung von den Zusammenhängen der unser Leben bestimmenden Wirkkräfte in Worte zu kleiden. Vielleicht hast Du aus meinem Text auch zwischen den Zeilen herausgelesen, daß ich, der ich von Musik nicht allzu viel verstehe, mich bei meinem Ausflug in diese Welt nicht so ganz wohl gefühlt habe. Tatsächlich hatte ich das ungute Gefühl, mich nicht auf festem, sondern auf schwankenden Boden zu befinden. Nun seit gestern habe ich Anlaß zu glauben, daß mir in dieser Situation ein guter Geist gehörig auf die Sprünge helfen wollte, denn...

Ich komme jetzt nicht umhin, etwas zu berichten, was hier eigentlich nichts zu suchen hat, nämlich von den beruflichen neuen Wegen, die meine Tochter Veronica gerade beschreitet. Sie ist Dozentin in eigener Sache auf dem Gebiet Bewegungstherapie und hat in diesen Tagen erstmalig eine Fortbildung für Therapeuten aus ihren eigenen langjährigen Erfahrungen als Tänzerin, Jogalehrerin, Feldenkrais-Dozentin und etlichen anderen mir nicht so geläufigen Techniken von Bewegungstherapien angeboten unter dem Stichwort „Bewegung und Evolution". Von einer Teilnehmerin bekam sie zum Abschluß des ersten Programmblocks ein Buch mit dem Titel **„Schwingung – Resonanz – Leben"** von Alexander Lauterwasser geschenkt, das sie mir auf den Tisch legte und meinte, das werde mich sicher auch interessieren. Es geht darin um durch musikalische Schwingungen im Wasser erzeugte Formen des Lebendigen, um sogenannte Wasser-Klang-Bilder. Und es geht um nichts weniger als einen grundlegenden Paradigmenwechsel in der Physik, weg von den linearen Bewegungsvorgängen, in denen sie immer weiter in der Zerkleinerung die Antwort auf die Frage sucht, was die Welt im Innersten zusammenhält, hin zu Prozessen von periodischen, zyklischen, pulsierenden Formen (Atmungsrhythmus, Pulsschlag, Wasser- Kreislauf, Schwingungen der Atome, elektromagnetischer Felder bis zu den Umlaufbahnen der Planeten und Galaxien). Ein Buch, das ich nur jedem, der sich für Kosmologie interessiert, wärmstens ans Herz legen kann mit dem Wunsch, daß er sich in diesem in den letzten hundert Jahren entstandenen Paradigma ebenso aufgehoben und befreit fühlt wie ich, glücklich, daß die vermutlich auch bei ihm vorhandenen Ahnungen seines Herzens sich nicht in Zerstörungsmaschinen immer größeren Ausmaßes eingezwängt fühlen müssen sondern sich zu einem pulsierenden Geflecht allen Seins, dessen Charakteristikum **die Beziehung** ist, öffnet.

Ja, genau dieses Buch war zur richtigen Zeit an der richtigen Stelle angekommen, ein „schlagenderer Beweis“ für die Existenz der Koinzidentien ist schlecht denkbar. Hinter dem in seiner Bedeutung kaum zu überschätzendem Paradigmenwechsel der Physik gerät dann allerdings das Thema Koinzidentien fast zur Belanglosigkeit, hält aber immer noch in der Frage, wer denn nun der „Auftraggeber“ oder Arrangeur dieser hübschen Zufälle sei, ein höchst spannendes Experimentierfeld bereit.

Auf das Buch werde ich noch zurückkommen., gibt es doch eine Antwort auf eine Frage, die noch gar nicht so richtig gestellt ist.

Absturz 2

Das Leben als Witwer vollzieht sich nach meiner Erkenntnis in Sprüngen wie die Echternacher Springprozession: zwei Schritte vor, einen zurück – das habe ich zu lernen und das will ich auch meinem Gedächtnisprotokoll nicht vorenthalten. Abstürze gehören zur Tagesordnung, vornehmlich, wenn man keiner Tagesordnung unterliegt und dem freien Wehen des Geistes weitgehend schutzlos ausgeliefert ist.

Außerdem wäre es aus meiner Sicht unredlich, nicht auch einige Worte über meine Befindlichkeit „post mortem" zu verlieren, soweit sich der „Pulverdampf" aus der Phase der Beerdigung inzwischen verzogen hat.

Da ist zunächst einmal das Gefühl der großen Leere. Ich gehe davon aus, daß jeder, der einen ihm nahestehenden Menschen verloren hat, dieses Gefühl mehr oder weniger stark, ja mitunter brutal erlebt; es ist ja oft genug auch so beschrieben worden. Also der absolute Normalfall. Ich will es deshalb dabei belassen und nicht weiter in dieser Wunde herum bohren. „Zeit heilt Wunden" heißt es ja, und ich gehe davon aus, daß sie das auch meinem Fall tun wird.

Zweitens ist da wohl auch in aller Regel der Schock der Endgültigkeit eine dramatische Erfahrung, die der Tod verursacht. Hat man alles, was mit dem Tod zu tun hat, bisher ausgeklammert, unter den Teppich gekehrt, oder wenigstens nicht so nah an sich herangelassen, so ist er jetzt hautnah herangerückt, man könnte sagen, man hat seinen kalten Atem unmittelbar im Nacken gespürt. Ich selbst kann aus meiner Erfahrung zwar von keinem derartigen Schreckgespenst berichten, denn glücklicherweise vollzog er seine prekäre Mission sehr behutsam und rücksichtsvoll, um es sehr vermenschlicht auszudrücken. Der untrügliche Beweis seines Zupackens stellte sich eher schleichend ein; mich hat viel mehr als das Ausbleiben des Atmens erschüttert, daß ihre Hand, die ich fest hielt und drückte, langsam immer kälter wurde und auch von der liebevollsten Berührung nicht mehr zu erwärmen war. Doch auch diese Erfahrung möchte ich als Normalfall einstufen.

Unmittelbar mir diesem Schock hängt die verstörende Gewißheit des unerlösten Nichtwissens zusammen, wo und wie eine jenseitige Existenz, ein Weiterleben zu finden oder wenigstens zu denken ist. Transzendenz meint ja ein Durchschreiten der normalerweise undurchdringlichen Mauer zum Drüben, doch bleibt diese Mauer auch für mich so undurchdringlich wie eh und je.

Und drittens rückt der Tod mit aller Brutalität die Tatsache in den Vordergrund, daß er für alle Versuche, auf künstlerischem Weg nennenswerte Spuren der zeitweiligen Existent eines Individuums zu hinterlassen, in aller Regel nur ein höhnisches Lächeln übrig hat. Auch die in Todesanzeigen so häufig benutzte Formel, daß die hinterlassenen Spuren der Liebe in Ewigkeit nicht verlorengehen, ist ein gutgemeinter Betrug.

Anders sieht es aber vielleicht aus mit dem Ergebnis einer Reflektion über die Änderung unserer Beziehung vor und nach dem Tod. Du, lieber Leser wirst Dich sicher erinnern, was ich in jugendlicher Schwärmerei über *die Liebe als Brücke über den Tod schrieb,* über die Liebe als kosmisches Ereignis. *„Ihr macht Euch ja nur etwas vor“,* dieses Urteil unseres Freunds Eberhard klang wieder in meinen Ohren, und es forderte seinen Tribut an die Wahrheit. Wahrheit ist, ich kann es nicht leugnen, daß sich da nirgendwo eine Brücke auftat, die zu beschreiten wäre. Nun bin ich natürlich nicht so einfältig, eine solche Aussage wörtlich zu nehmen, aber so ein bißchen Balsam in Form eines wahrnehmbaren Zeichens, eines Blicks des Einvernehmens oder etwas dergleichen wäre, so möchte ich gegen die himmlische Hausordnung räsonierend einwenden, für die „allmächtige Macht" doch „machbar". Doch auch meine Erfahrung ist: ernüchterndes Alleingelassen-Sein. Den Gläubigen wird schon viel abverlangt, um trotzdem an ein Jenseits und an die Kräfte des Übernatürlichen zu glauben.

Anders sieht es aber auch aus mit einer realistischen Einschätzung der Rolle, die man selbst gespielt hat und noch spielt. Mir selbst muß ich ins Gewissen schreiben, daß mein Tun und Lassen in den letzten Jahren als der starke Held wohl in erster Linie eine Attitüde meiner Rolle auf der Bühne dieser Welt eher meiner Eitelkeit entsprang als dem von mir so sehnsüchtig angestrebten Lieben aus dem Herzen. Und schließlich ist bei kritischer Betrachtung auch einzuräumen, daß die langsame aber leider stetige Erosion unserer Beziehung nicht nur als die übliche Abnutzungserscheinung zu werten ist, sondern vermutlich auch damit zu tun hat, daß mein allzu siegessicheres Gehabe im Umgang mit ihrem Leid und ihrer Hilflosigkeit bei ihr eher eine schmerzliche denn hilfreiche Empfindung verursachte und damit Schuld trug an ihrer zunehmenden Sprachlosigkeit, die sie sich selbst auferlegte. Sie hatte wohl oft das Gefühl, daß sie mich mit vielen ihrer Äußerungen nur aufregen würde und es besser sei, den Mund zu halten. Auch ihr letzter auf mich gerichteter Blick aus ihrem schon leblosen Auge, das ich zwar geschlossen hatte, das sich aber noch einen Spalt geöffnet hatte, empfand ich in seiner Ausdruckslosigkeit eher als kritisch denn als liebevoll. Außerdem war ich auch enttäuscht, daß sie sich so still und heimlich davon gemacht hat. Alles hatte davor noch so ausgesehen, daß sie sich doch noch einmal aufrappeln und auch die dritte Lungenentzündung überstehen würde. Als die ganze um sie versammelte Familie erleichtert aufatmete und gleichzeitig für kurze Zeit aus ihrem Zimmer gegangen war, nutzte sie die Gelegenheit, so schien es uns hinterher, unbemerkt zu entschwinden. Nachträglich hörte ich allerdings, daß dieser Vorgang sehr häufig zu beobachten sei, aber ein wenig fühlte ich mich doch um ein letztes Abschiedswort betrogen. Dabei muß ich mir selbst vorwerfen, ihren Zustand letztlich nicht so ganz ernst genommen zu haben.

Nun, das sind Schüsse übers Grab, wie der Volksmund sagt. Wie schon gesagt, im Lauf der Zeit stellt sich, jedenfalls bei mir, eine große Nachdenklichkeit ein, was die überwiegende Motivation meiner eigenen Person angeht, und mir wird zunehmend bewußt, daß der immer noch mit Scheuklappen dahin stürmende Don Quijote von einst jetzt ernsthaft in Gefahr gerät, zum Ritter der traurigen Gestalt zu werden, wie sie Miguel de Cervantes ja auch angelegt hat. Es will mir scheinen, als ob ich allzuoft im Charakterfach „strahlender Held" als Siegfried denn als barmherziger Samariter aus dem jesuanischen Gleichnis agierte. Insofern hatte er jedenfalls nicht unrecht, unser Freund Ebi mit seinem Vorwurf, daß wir uns nur etwas vormachen würden. Ja, doch das gehört letztlich zum Spiel auf der Bühne des Lebens, auf der wir alle als Schauspieler agieren und unermüdlich versuchen, uns im besten Licht erscheinen zu lassen. Ich muß mich da ganz besonders an der Nase nehmen, kritiksüchtig, wie ich nun mal bin – so lange die Kritik gut ist. Eine Art Gegenentwurf verkörperte meine liebe Frau, der ich bescheinigen möchte, ausgesprochen uneitel ihre Rolle als „Gattin" und Mutter gespielt, nein, erfüllt zu haben, und das war keine schauspielerische Leistung, das war echt, schlicht und ergreifend aus einem übervollen Herzen kommend.

Erst vor ein paar Tagen, seit ich begonnen habe, mich der Wahrheit über unsere Beziehung zu stellen, fiel mir ein Artikel aus der Süddeutschen Zeitung in die Hand, in dem die französische Schauspielerin Juliette Binoche zum Thema Lebensglück sagte: *Es gibt in der Liebe kein richtig oder falsch, das Einzige, was zählt, ist, daß es zwischen zwei Menschen eine Verbindung gibt. Aber Glück hat damit nichts zu tun. Du mußt das Glück in dir selbst finden und aufhören, es im Außen zu suchen. Die Liebe kann einen nicht retten, das kann man nur selbst.*“ Ich deute diese Aussage so, daß es die Einstellung ist, die dafür entscheidend ist, ob und wie sich das Lebensglück entwickelt. In den Schoß, da bin ich mit Frau Binoche einig, fällt es einem jedenfalls nicht. So ergibt sich dann aus dem schon zitierten Postulat von Viktor E. Frankl und dem wunderbaren Satz von Saint-Exupery doch so etwas wie ein harmonischer Dreiklang, den ich als Bestätigung meiner Erfahrungen gern so stehen lassen möchte. Es war und ist schon richtig, sich etwas vorzumachen, das ergibt sich einfach schon aus der Zielsetzung, der man sich verschreibt, und ich bin davon überzeugt, daß wir unsere Liebe nicht so unbeirrt durchgehalten hätten, wenn wir nicht von Anfang an das Ziel angepeilt hätten, die Sterne vom Himmel holen zu wollen.

Die Frage bleibt: gibt es etwas, das meiner etwas desillusionierenden Schlußbetrachtung entgegen gehalten werden kann, was es mit der Unerbittlichkeit des Todes aufnehmen kann?

Ja, natürlich, wird der Gläubige sagen, aber erst im „ewigen Leben“, also im Jenseits. Ich selbst habe bei der Beerdigung meines lieben Freundes Herbert Kromann, der neun Monate vor Marianne gestorben ist und mit dem ich ein Leben lang hitzige Diskussionen über die Frage nach einem Leben nach dem Leben geführt habe, hinterher gerufen, daß das auf Erden gültige Gesetz der Dualität die Existenz eines Jenseits zwingend erfordere, und schon von daher seine

Vorstellung, daß mit dem Tod alles sein Ende habe, zu widerlegen sei. Aber bin ich wirklich überzeugt, mit dieser formalen Spiegelfechterei an der Nahtstelle zum Jenseits einen alles entscheidenden Treffer zu landen? Im besten Falle ist damit wohl doch nur ein Unentschieden zu erreichen. Außerdem war Herbert ein viel zu erfahrener Theatermann, der den Umgang mit anderen Existenzen in ein- und derselben Brust virtuos zu handhaben wußte und der den Rollentausch als ein erlaubtes, aber sehr irdisches Stilmittel wertete, im übrigen aber jeden „Deus ex machina“ schnell als solchen zu entlarvten wußte. Dies übertrug sich zwingend auch auf die Existenz eines realen Gottes, die er schon wegen der in seinen Augen unvollkommenen, ja offenkundig mißratenen Schöpfung nicht akzeptieren wollte.

Was bleibt, ist ratlose Ungewißheit. Ich kann nur hoffen, daß er für sich inzwischen einen schlüssigen Schlüssel für die Frage aller Fragen gefunden hat.

Wo gingen die Menschen hin, als sie starben? Wo gehen die Wellen hin, wenn sie in den Ozean zurückkehren?

Sie kehren zurück in den „Ozean Gott". Unser Ich hat vor diesem Zurückkehren Angst, aber wir gehen in eine umfassendere Erfahrung. Unsere wahre Identität ist das Weltmeer, nicht die Welle. Ob und wie die Welle weiterlebt, wenn sie in den „Ozean Gott" zurückkehrt, wissen wir nicht. Wir gehen in eine neue Seinsweise, sagt uns die Auferstehung Jesu. Etwas viel Gewaltigeres erwartet uns nach dem Tod. Wir können uns dieses Neue mit unserem begrenzten Ich nicht vorstellen. Es ist eine Geburt in ein größeren Leben, in eine Fülle, von der wir keine Ahnung haben können, weil unsere Ratio zu eng ist. Es öffnet sich ein Tor, wenn wir sterben, es schließt sich nicht ein Tor. Nur in dieser Zielvorstellung macht das Leben Sinn. Eines Tages, wenn wir ein tieferes Verständnis erlangt haben, werden wir unseren Tod feiern, wie wir unsere Geburt feiern.

Willigis Jäger

Die Beerdigung

Mit gemischten Gefühlen, ja mit einer gewissen Ratlosigkeit komme ich nun zu dem Kapitel, das ja der Anlaß war, dieses Büchlein zu beginnen. Mein erster Impuls suggerierte mir, einfach den Ablauf der Feier mit eine paar Fotos zu dokumentieren und die verwendeten Texte beizufügen und es dem Leser selbst zu überlassen, in wie weit er sich darauf einlassen will. Ich wäre damit nicht genötigt, die eigenen Gedanken, die zu Form und Inhalt der Abschiedsfeier geführt haben, zu erläutern und zu kommentieren. Allerdings würden dabei die Versuche nicht so zur Geltung kommen, die wir unternommen haben, die Tristesse des Beerdigungsrituals aufzubrechen und es zu einem Fest umzugestalten, in dem Freude und Dankbarkeit für ein gelungenes Leben im Vordergrund stehen. Diese Intention wird an Äußerlichkeiten wie dem Verzicht auf Trauerkleidung bis zur Musikauswahl, die in dem unsere Lebenshöhepunkte immer begleitenden Händel`schen Halleluja gipfelte, deutlich, besonders aber an den selbstgestalteten Texten. Dabei gab es den sich die ganze Feier durchziehenden Leitgedanken, unser Leben als eine Schiffsreise zu betrachten, die darauf angelegt ist, gut am anderen Ufer anzukommen. Das ist nicht aus der Luft gegriffen, denn tatsächlich spielte sich gerade das Leben meiner Frau auf Grund ihrer Behinderung in ungewöhnlich hohem Maß auf dem Wasser ab, was vielleicht mit einer Seebestattung einen gemäßen Ausdruck gefunden hätte, aber am Starnberger See nicht möglich, am Mittelmeer nicht realistisch erschien. Im Symbol des „Urnenschiffchens“, das vom Bootsbauer-Sohn Stephan für seine Mutter geschnitzt wurde, fand der Gedanke im Bernrieder Friedhof, der ja einen sehr schönen Blick auf den See bietet, einen entsprechenden Abschluß.

Erwähnenswert ist in diesem Zusammenhang vielleicht noch, daß der Tag des Begräbnisses meiner Frau, der ganz bewußt an ihrem 85. Geburtstag gefeiert wurde, mit fröhlichem Segeln und Baden sowie mit anschließenden Pizzabacken und - essen sein Ende fand. Ich und meine Familie sind der festen Überzeugung, daß wir damit sicher auch den Beifall von unserer Marianne gefunden haben, die ja bei allem fröhlichen Tun immer voll „mit im Boot war".

Alles in allem: es war, wie sie es sich gewünscht hat, ein gnädiger Tod im Kreis ihrer Familie, von uns allen auch als solcher akzeptiert. Sie hat sich sichtlich besonders gefreut, daß Tochter Nicola noch rechtzeitig aus ihrer gegenwärtigen Heimat Costa Rica dank eines mitten in der Nacht angetretenen Fluges eingetroffen ist; es schien so, als ob sie so lange mit ihrem Abgang gewartet hätte. Dankbarkeit und Erleichterung war ganz offensichtlich in ihren letzten Worten und Blicken, die sie noch für jeden hatte, von uns allerdings falsch gedeutet als Zuversicht, es noch einmal schaffen zu können und auch zu wollen.

Zwei Tage haben wir sie nach ihrem Tod noch bei uns gehabt, ehe sie dann in festlichem Trauerzug durch ihren geliebten Garten rund ums Haus durch den üppig kurz vor der Blüte stehenden Efeu-Torbogen unseren Augen endgültig entschwunden ist.

Die Urnenbestattung hatten wir auf den zwei Wochen später liegenden 85. Geburtstag gelegt. Der Ablauf der „würdigen Feier", wie uns allseits bestätigt wurde, ist ausführlich dokumentiert und beigefügt. Außerdem hat unser Freund Christof Schwab ein schönes Fotobuch gestaltet, das als ein Schatz der Erinnerung in unserer Familie gehütet werden wird.

Sicherlich werden Kinder und Enkel nicht vergessen, daß sie „Oma Nanne" im buchstäblichen Sinn des Wortes zu

Grabe getragen haben, wenn auch schön verpackt und geschmückt in Stephans Urnengondel. Aber ich glaube, man kann sich noch so viel Mühe geben, die letzten Ritualien würdig zu gestalten, die Substitution eines ehedem lebensfrohen Menschen durch ein Töpfchen Asche ist schon mit dem Verstand kaum zu leisten, erstrecht nicht emotionell zu bewältigen. Mir erscheint es so, als ob selbst der so theatralisch erscheinende Umgang mit einem Totenkopf demgegenüber die weitaus humanere Form einer letzten Begegnung darstellt, doch wird dieser Unterschied vermutlich in dem Maß verblassen, als sich das Verbrennen-lassen zum Normalfall entwickelt.

Glücklicherweise besitzt der Mensch aber ein Erinnerungsvermögen, das es ihm – in bestimmtem Grenzen – erlaubt, den ganzen, den lebendigen Menschen wieder zu beleben, was meines Erachtens einen deutlichen Hinweis darauf gibt, daß der im Grab Bestattete nur als eine „Teilmenge Mensch“ anzusehen ist, dem zum vollen Menschsein etwas ganz Entscheidendes fehlt, was eben auch nicht mit begraben ist.

Bevor ich mich daran mache, der Frage nach zu gehen, wo dieses „missing link“, diese verlorene Teilmenge hingekommen ist, sehe ich mich gefordert, noch einmal den ganzen Menschen ins Auge der Erinnerung zu nehmen. Zu diesem Zweck möchte ich von dem achtzigsten Geburtstag meiner Frau erzählen, in dem wir sie als die weise Königin von Saba gefeiert haben.

Wer so losgelöst sein kann,
daß er alle, in deren Mitte er lebt,
mit offenen Augen betrachtet, und sieht,
auf welche Weise er ihnen helfen kann,
der wird gesegnet und erbt das Reich Gottes.

Hazrat Inayat Khan

Die Königin von Saba

Meine Marianne war ein Mensch, der gern gefeiert hat, was für eine Rheinländerin ja eigentlich zu den in die Wiege gelegten Landestugenden gehört; aber sich selbst feiern zu lassen, war nicht so ihr Ding. Soweit ich mich erinnere, war ihr „Achtzigster“ wirklich das erste – und leider auch letzte – ihr allein gewidmete große Fest. Das aber haben wir um so intensiver gefeiert, und auch sie hat das Fest in vollen Zügen genossen. Ich glaube auch zu wissen, woran dieser Sinneswandel gelegen hat: an ***ihrem weise gewordenen Herzen.*** Das ist erklärungsbedürftig.

Wer bei einem „Achtzigsten“ die Festrede zu halten hat, kommt um den Psalm 90 nicht herum. In ihm stehen die markanten Sätze:

Unser Leben währet 70 Jahr; wenn es hoch kommt, werden es achtzig. Das Beste daran ist nur Mühsal und Beschwer, rasch geht es vorbei, wir fliegen dahin.

Weniger bekannt sind die beiden folgenden Verse:

Lehre uns, unsere Tage zu zählen, daß wir ein weises Herz gewinnen.

Danach ist es also die Aufgabe, die wir im Alter zu erfüllen haben, ein weises Herz zu gewinnen.

Was ist Weisheit?

Wer die Bibel, hier vor allem das Alte Testament kennt, weiß, daß da sehr viel von Weisheit die Rede ist, und es fällt ihm wahrscheinlich auch ein, daß von König Salomon gesagt wird, daß er der weiseste Mensch war, der damals gelebt hat.

Und da kommt die Königin von Saba ins Spiel. Sie hat von der Weisheit Salomons gehört und reist zu ihm, um zu erkunden, ob er wirklich der weiseste Mensch der damals bekannten Welt ist. Beide stellen sich gegenseitig Rätsel, die allerdings nicht im Einzelnen aufgeführt sind. In der mündlichen Überlieferung stieß ich u.a. auf ein Rätsel der Königin, das sie dem König stellt, in dem sie ihn nach dem Wesen seines Gottes fragt. Es wird berichtet, daß Salomon daraufhin in Ohnmacht fiel, weil sie damit ein in Israel geltendes Tabu berührte, das verbietet, das Wesen Gottes zu erkunden. Wie ich meine, ein höchst interessanter Hinweis, den man sich zu Herzen nehmen sollte!

Übrigens sollte hier doch auf das recht merkwürdige Faktum hingewiesen werden, daß zwar alle drei monotheistischen Religionen die Königin von Saba für sich vereinnahmt haben – am ausführlichsten befaßt sich der Koran mit der Dame, – daß aber niemand sagen kann, wer sie eigentlich gewesen ist. Sie wird zwar hier und dort mit ganz unterschiedlichen Namen belegt, ich fand auch eine Angabe, daß sie mit Salomon einen Sohn mit Namen Menelik gezeugt habe, sie selbst aber bleibt die große Namenlose. Im Zuge meiner Recherche stieß ich auf eine interessante Deutung in der Predigt eines namhaften evangelischen Theologen, daß sie deshalb ein namenloser „Platzhalter" geblieben sei, damit jeder sich selbst da einsetzen kann, sozusagen als Nachfolger/in auf der Spur einer weisen Frau.

Und dann wäre da auch noch an einen zunächst eher abwegig erscheinenden Bezugspunkt von „weise" zu sapiens zu denken. Vielleicht ist dabei ja auch gemeint, daß jeder aus der Gattung des Homo seinen stolzen Beinamen erst noch zu verdienen hat, sozusagen als eine späte Pflichtaufgabe in seinem Leben. Der Gedanke gefällt mir recht gut, aber er ist doch so spekulativ, daß ich ihn hier nicht weiter verfolgen möchte.

Gehen wir also zunächst der Frage nach: wie kommt die Königin von Saba, die immerhin schon vor etwa dreitausend Jahre gelebt hat, dazu, hier als das Vorbild einer weisen

Frau zitiert zu werden? Die Antwort hängt mit dem immensen Gedächtnis unseres Freunds und Mitseglers Ulf Meyer zusammen, der an Bord unter anderem für das Gebiet Biologie (daher der Spitzname „Bord-Orni"), Literatur und Allgemeinwissen zuständig war. In seinem Kopf war die Geschichte zwischen Salomon und der Königin von Saba abgespeichert, die in dem Oratorium „Salomo" von Georg Friedrich Händel im dritten Akt Verwendung gefunden hat. Da es zu der Zeit, in der meine Geschichte spielt, noch keine Möglichkeit gab, einen Computer abzufragen, tippte er sich kurz mit dem Finger an den Kopf und rief laut und für alle vernehmbar „wie die Königin von Saba auf ihrem Pfauenthron" in die Runde.

Vorausgegangen war, daß wir bei einem Segeltörn im Ionischen Meer eine ziemlich deftige Grundberührung gehabt hatten und deshalb unser Schiff zur Behebung des Schadens in einer Werft in Levkas aus dem Wasser nehmen lassen mußten. Bei der Einwasserung trat ein unerwartetes Problem auf, denn die Skipperin, auch liebevoll Capitanetta genannt, bekam von der Werft eine Ausnahmegenehmigung, während dieses Vorgangs wegen ihrer Behinderung an Bord unserer *BALIMENA* bleiben zu dürfen, was aus Sicherheitsgründen normalerweise streng verboten ist. Der Rest der Crew begleitete das in einem Portalkran hängende Schiff beiderseits zu Fuß, aber hoch oben thronte Marianne wie eine Königin im Prunkwagen, was ihr eben den Ehrentitel aus Ulfs Mund „die Königin von Saba" einbrachte.

Ergänzend dazu muß man wissen, daß Marianne von ihrem in Düsseldorf lebenden Onkel bei seinem Tod als ein altehrwürdiges Erbstück einen prunkvoll verzierten Sessel, Stil Wiener Barock, geerbt hatte, auf dem sie gern bei festlichen Gelegenheiten thronte. So auch bei ihrem achtzigsten Geburtstag, der im Gartensaal des Klosters der Missionsbenediktinerinnen in Bernried gefeiert wurde. Zum „Bühnenbild“ gehörte außerdem ein mit orangenen Fransen verzierter orientalischer Sonnenschirm, der das Bild eindrucksvoll abrundete. Und schließlich bekam Nanne von Veronika auch noch eine goldene Pappkrone aufgesetzt.

Damit noch nicht genug, denn ich hatte für die musikalische Umrahmung ein Streichquartett engagiert, das unter dem Motto „weise Frau“ aus dem Händelschen Oratorium den „Einzug der Königin von Saba“ intonierte.

Neben dem so bezeichneten weisen Herzen Mariannes wurden in ähnlicher Weise ihre besonders ausgeprägten Eigenschaften der Fröhlichkeit (ausgedrückt in der Musik „in der Halle des Bergkönigs/Peer Gynt), ihr mitreißendes Temperament und ihre ansteckende Lebensfreude (Musik „Donna e mobile/ Verdi) sowie ihre Unternehmungslust (Musik: Air/Bach) musikalisch gewürdigt.

Erwähnenswert ist noch, daß das Quartett „Passo Avanti“ alle Stücke seines Repertoires sowohl klassisch als auch, abwechselnd, versteht sich, verjazzt interpretiert; eine ausgesprochen amüsante Darbietung!

Fazit: für meine Frau gab es zu ihrem Geburtstag *standing ovations,* für die beispielhafte Art und Weise, in der sie ihr Schicksal gemeistert hat; den Titel „Königin von Saba“ als weise Frau hat sie demnach wohl verdient. Und wem der biblische Begriff „Weisheit des Herzens“ zu unpräzise ist, kann vielleicht mit dem Ausspruch von Saint-Exupery mehr anfangen: ***man sieht nur mit dem Herzen gut.*** Darin, da waren sich die Festgäste einig, hat sie es zu einer hohen Meisterschaft gebracht.

Nun, ich denke, die Frage, ob es sich bei ihrer Tumorerkrankung um die Erfüllung einer (gar selffullfilling?) Prophezeiung handelt, gehört genau in den Tabu-Komplex, der, als er berührt wurde, König Salomon eine Ohnmacht bescherte, und sollte erst gar nicht gestellt werden. Unsere Liebe, so haben wir es immer empfunden, ist ein Geschenk des Himmels und damit ein Geheimnis, das weit jenseits von linear-kausalen Deutungsmustern beheimatet ist. Und dabei sollten wir es auch posthum belassen.

Wie an dem Tag, der Dich der Welt verliehen,
die Sonne stand zum Gruße der Planeten,
so bist Du fort und fort gediehen
nach dem Gesetz, wonach Du angetreten.
So mußt Du sein, Dir kannst Du nicht entfliehen,
so sprachen schon Sibyllen, so Propheten
und keine Macht und keine Kraft zerstückelt
geprägte Form, die lebend sich entwickelt.

Johann Wolfgang von Goethe

Zeichen und Symbole

Die Überschrift dieses Kapitels deutet es schon an: mein Reisebericht über die verschlungenen Pfade, auf denen unser Lebensschiffchen uns beide, in Liebe verbunden, getragen hat, endet hier und ich kann im Weiteren nur noch über Gedanken berichten, die dem Reich reiner Spekulation entstammen. Gesichertes Wissen darfst Du, lieber Leser, nicht erwarten, weder von mir, noch von irgendeiner der zahlreichen Religionen. *Selig, wer nicht sieht und doch glaubt,* gibt ja auch Jesus seinen allzu neugierigen Jüngern zur Antwort. Unser Wissen endet mit der letzten eindeutigen Tatsache, und das ist die schlechte Nachricht: Das Leben des Menschen endet mit seinem Tod. Alternativlos! Was danach kommt, kann man nur über Symbole zu entschlüsseln suchen, indem man von gesicherten Fakten in dem uns zugänglichen Mikrokosmos auf Ähnliches im Makrokosmos schließt.

Und die gute Nachricht?, wirst Du sicher fragen und dabei vielleicht denken, daß ich ja gerade unmittelbar mit dem Tod zu tun hatte und deshalb vielleicht etwas klüger sein werde.

Ja, ich habe ihn zwar nicht gesehen, aber erlebt. Und die Begegnung war eher enttäuschend, wenn man sich einmal an denn alpenländischen Vorbildern a la Brandner Kaspar, Jedermann oder auch den vielen Totentänzen orientiert. Es besteht durchaus kein Anlaß, ihn mit Angst oder gar Ehrfurcht zu erwarten, so leise und unspektakulär er auftritt. Allerdings spreche ich nicht von den Leiden, die im Vorfeld zu ertragen sind und die von Fall zu Fall höchst unterschiedlich sein können. Da kann der Tod ja auch zum willkommenen Erlöser werden, man sollte sich also durchaus gut mit dem Gevatter Tod stellen, wie das in früheren Zeiten ja auch so empfohlen wurde.

Als ein Mensch, der nun allein stehend, von seinem restlichen Leben nicht mehr viel zu erwarten hat, kann ich freilich den Tod als zum Leben dazu gehörend durchaus annehmen, ja in ihm sogar statt des unerbittlichen Türschließers den großen **Türöffner** sehen, der mich den letzten Rätseln des Daseins näher bringt. Das ist also ein gedanklicher Vorgang, ebenso wie bei der Beurteilung, ob ein halbes Glas Wasser halbvoll oder halbleer ist. Mindestens haben wir da ja noch eine unbestrittene Freiheit zur Entscheidung, **wie wir das sehen wollen**. Da liegt also aus meiner Sicht nicht das Problem. Viel mehr liegt es in der Frage, was hinter dieser Tür liegt, und das ist alles andere als alternativlos, der Phantasie sind da im Gegenteil keine Grenzen gesetzt; Anregungen dazu gibt es ja in allen Religionen genug.

Ausgangspunkt weiterer Ermittlungen im vorliegenden Fall ist die Frage: wo ist der Teil des geliebten Menschen hingekommen, der schon vor dem Begräbnis seiner sterblichen Hülle entschwunden ist, der Teil, dessen Abhandengekommensein den verbliebenen Rest zum Leichnam machte. Also der Odem Gottes, den er einst Adam, seinem Geschöpf aus Lehm eingehaucht hat, wie es in der Genesis beschrieben ist. Auch wenn diese Beschreibung nach Meinung der heutigen Exegeten nicht so wörtlich zu nehmen ist, bleibt es ja doch ein sehr auffälliges Faktum, daß es genau das Aufhören des Atmens ist, was den Eintritt des Todes kennzeichnet!

Wenn man sich nach guter Kriminologen Sitte mit den denkbaren Szenarien des Tathergangs beschäftigt, kommt man vielleicht auf die Idee, sich mit den Theorien und Ideologien zu beschäftigen, die die Menschheit im Lauf ihrer Geschichte erdacht hat, um für dieses ja seit Anfang an bestehende Phänomen eine dem Verstand akzeptable oder sagen wir mindestens: eine glaubwürdige Erklärung zu bieten. Ich warne Neugierige! Als ich mich über eine Anfrage bei Google zum Begriff „Seele“ etwas schlauer machen wollte, bekam ich eine so überwältigende Zahl von Treffern serviert – ich glaube, es waren über 75 Millionen - daß ich schnell von meinem Vorhaben abließ. Allein der Gedanke, was sich hinter dem gnadenlosen Streit zwischen den Vertretern der verschiedenen Ideologien an Unglück und Leid verbirgt, kann einen ja schon zum Wahnsinn treiben!

Wenn man sich dann noch überlegt, um was es bei dem ganzen Streit geht, nämlich um die Abgrenzung mehr oder weniger willkürlich festgelegter Begriffe, die ja nicht die Sache selbst sind, sondern nur ein sprachlicher „Platzhalter“, dann kann man nur mit Schiller sagen*: da wendet sich der Gast mit Grausen.*

Das jedenfalls will ich auch tun und nach anderen, simpleren Quellen Ausschau halten.

Da bietet sich eine nach meinem Geschmack völlig ausreichende Differenzierung nach dem Quadrantenmodell von Elisabeth Kübler-Ross an, wonach es neben Körper, Geist und Psyche noch eine Seele gibt, die alle vier zusammen das Wesen Mensch bilden. Ich denke, eine sehr große Mehrheit der Menschheit kann sich da ohne Schwierigkeiten einordnen und wird auch der Aussage zustimmen, daß die Seele als der übernatürliche, das heißt auch: unsterbliche Anteil beim Tod den Körper verläßt und dorthin zurückkehrt, wo sie auch hergekommen ist. In welcher Form auch immer. Wenn Du Dich dem nicht anschließen kannst, sehe ich allerdings nur eine Alternative, in der Filmsprache sehr salopp: Affe tot, Klappe zu und Radieschen von unten.

Daß ich mir auch bei diesem heiklen Abschnitt meiner *Weise von Liebe und Tod* erlaube, einen diesem Sachverhalt in den Augen Mancher nicht angemessenen Schreibstil bei zu behalten, geschieht, Du wirst es sicher spüren, mit voller Absicht. Mich leitet dabei ein den Österreichern zugeschriebener Satz: *Die Lage ist ernst, aber nicht hoffnungslos.* Bei unseren Nachbarn wird der Satz allerdings meist charmant umgedreht und heißt: *Die Lage ist hoffnungsvoll, aber nicht ernst.* Dazu die Spruchweisheit: *Die Hoffnung stirbt zuletzt.* Es liegt mir außerordentlich viel daran, zu erreichen, daß die Hoffnung nicht stirbt sondern sich erfüllt, und deshalb will ich versuchen, Dir meine Überlegungen dazu vorzustellen, ohne mich dabei an dem Lehrgebäude einer kirchlichen Dogmatik zu orientieren. Wohl halte ich mich dabei an die Hinweise, die mir zugespielt, ja gar aufgedrängt werden, um sie in mein Puzzle einzusetzen. In dem Kapitel *Koinzidentien* hast Du ja so einige Beispiele von diesem Spiel von mir bekommen, jetzt komme ich auf mein dort abgegebenes Versprechen zurück.

Ich hatte berichtet, wie mir das Buch ***Schwingung – Resonanz – Leben*** in die Hand gekommen ist und wie beeindruckt, ja glücklich ich von diesem „Fund" war, der in mir in eine ganz neue Sicht des Universums mündete. Genau genommen ist es eigentlich gar keine ganz neue Sicht, allenfalls eine neu formulierte; die Grundlagen waren vermutlich schon genetisch verdrahtet und kulminierten seit meinen Kindertagen in der Liebe zum Wasser. Schon als Knirps von zwei oder drei Jahren bin ich am Gestade meines Meeres – es handelte sich um den kleinen Wörthsee bei München – zu sehen, wie ich mich ganz allein, nur mit einer kecken Strohtüte auf dem Kopf bekleidet, dem mir offenbar schon irgendwie vertrauten Element hingebe. Es gab da im Vorfeld des Ufergrundstücks unseres kleinen Sommerhäuschens ein paar Quadratmeter, die mein Reich darstellten, wo ich König war. Ich wußte damals natürlich noch nicht, daß die Erdkugel zu 67 % mit Wasser bedeckt und auch der Mensch zu drei Vierteln aus dem Element, dem er einst entstiegen ist, zusammengesetzt ist, aber ich erinnere mich, daß ich selig war, wenn die winzigen Wellen mir ein kleines Lied sangen, wenn sie an die Bretterbohlen des kleinen Bootshauses plätscherten und die kleinen weißen Sahnehäubchen, die sich über die Steine am Rand des Sees gebreitet hatten, für mich bei jeder anlaufenden Welle zu tanzen begannen. Zugegeben, diese Erinnerung ist das Phantasieprodukt eines alten Mannes, aber das Produkt hat mein Leben lang immer wieder neue Nahrung in ähnlichen Szenen erhalten. So habe ich als Beweisstück eine sicher zehnminütige Filmsequenz an der Nordküste von Dänemark am Sund aufgenommen, wo, mit weitgehend gleicher Einstellung aufgenommen, nur das Spiel des an- und ablaufenden Wassers auf den flachen Sandstreifen der Stranddüne zu sehen ist, mit all seinen Wundern, zu denen auch der unbeschreiblich feine Gesang der Sirenen gehört, dessentwegen Odysseus von seinen Gefährten einst an den Mast gebunden werden mußte.

Warum erzähle ich diese Geschichte hier, fragst Du jetzt vielleicht.

Ehrlich gesagt, so ganz genau weiß ich das auch nicht. Klar ist: es geht um die Suche nach der verschwundenen Seele, in meinem Fall um die meiner Frau. Und ich suche in der materiellen Welt, die uns umgibt und zu der wir ja auch mit Sicherheit dazu gehören, nach Anhaltspunkten, die ein gewisse Chance bieten, wenigstens über die Symbolik einen Einblick in die Sphäre des Übersinnlichen, des Übernatürlichen zu bekommen. Und ich erhoffe mir, daß ich bei dieser Suche von einer Stimme aus dem „off" den einen oder anderen Hinweis bekomme, so wie wir das ja alle aus der Kinderzeit von der Ostereiersuche kennen. Aus Erfahrung weiß ich, daß diese Hoffnung nicht aussichtslos ist, denn so wie ich sind ja unheimlich viele Menschen mit dem gleichen Ziel unterwegs. Glücklicherweise sind die Menschen so angelegt, daß sie, wenn sie bei ihrer Suche glauben, etwas Neues entdeckt zu haben, dies möglichst schnell und möglichst vielen Artgenossen kund tun zu wollen. Man braucht ja nur in eine Buchhandlung zu gehen, um verblüfft festzustellen, was auch heute noch, wo der Tod des Buches längst als schon vollzogen verkündet wird, so alles geschrieben wird.

Und dann scheint es ja auch noch Scharen von Lobbyisten zu geben, die nichts anderes im Sinn haben, als das Produkt, das sie promoten, an den in Frage kommenden Interessentenkreis heranzubringen; dazu ist auch das Thema der Koinzidenz zu zählen, von dem ja schon ausführlich die Rede war.

Ganz wichtig bei diesem Vorgang ist, wie in der Bibel in dem Gleichnis anschaulich geschildert ist (Markus 4, 1-20) , daß der Boden gut vorbereitet ist, damit der Samen aufgehen kann; ich könnte auch sagen, daß der Resonanzkörper in der gleichen Tonlage gestimmt ist wie der Erreger bzw. Sender. Am Beispiel: man muß schon einmal von dem Wunder des Wellenspiels am Meer oder einem See emotional angerührt worden sein, um für den Gedanken empfänglich zu sein, daß ***Resonanz eine Bedingung von Leben*** ist und man damit dem Bauprinzip der Schöpfung auf der Spur sein könnte.

Daß die Welt voller staunenswerter Wunder ist, ist jedenfalls für mich ein überzeugender Gottesbeweis, und ich habe den Eindruck, daß sich diese Überzeugung auch immer mehr bei den fähigsten Vertretern aller Wissenschaftsrichtungen durchsetzt.

Das Staunen, das ist eine der erfreulichsten Erkenntnisse des Alterns, hört nie auf, wenn man selbst offen bleibt und auch bereit ist, den Spuren zu folgen, die von anderen gelegt sind.

So lade ich Dich, lieber Leser, noch einmal ein, mir in meiner Betrachtung eine Ebene höher zu folgen, wie ich meinerseits dem schon genannten Buch von Herrn Lauterwasser folge.

Wie schon gesagt, es geht schlicht um Wasser, das dominierende Element der Schöpfung, und damit geht es um Kosmogonie, Schöpfungsgeschichte, und darin um Chaos und Kosmos. Hegel hat es so formuliert: *Die Welt wird aus der Grenzenlosigkeit und unentfalteten Totalität des Ur-Ozeanischen geschöpft, das heißt hervorgeholt, herausgelöst, emporgehoben und schließlich geformt.* ***Aus Chaos*** *– dem Formlosen und Abgrundtiefen schlechthin –* ***wird Kosmos****, ein wohlgestaltetes Schmuckstück.* Und wodurch geschieht diese Wandlung? Durch Schwingung und Resonanz.

Das sind alles schöne Worte, schwerverständliche Begriffe wirst Du vielleicht denken, aber man kann sie anschaulich machen, ja, in der Tat: sogar anschauen. Und zwar in den sogenannten Wasser – Klang – Bildern.

Wahrscheinlich erinnerst Du Dich, lieber Leser, an den berühmten Versuch im Physikunterricht, womit das Prinzip des Magnetismus gezeigt wurde: die ungeordneten Metallspäne auf einer Glasplatte, die durch das Darunterhalten eines Magneten im Handumdrehen wie durch Zauberhand zu wunderschönen Ornamenten wurden. Genau dasselbe passiert, wenn man die Glasplatte mit einem Geigenbogen streicht: die dadurch erzeugte Schwingung macht aus dem Chaos der Späne sofort wunderschöne, geordnete, lebendige Bilder. Das kann man gelegentlich schon in Konzerten bewundern, wo die durch das Orchester erzeugte Musik auf Wasser-schalen übertragen wird und der sich ergebende Formentanz des Wassers auf Großleinwände projiziert wird. *„Der ganze Kosmos als der Tanz einer Gottheit – nur solange diese göttlich-geistige, also immaterielle Dimension sich*

(…). unaufhörlich schwingend bewegt, kann Welt werden, sein und sich weiterentwickeln, wie das in Indien in der Gottheit Shiva seit alters her so gesehen und interpretiert wird.

Daraus läßt sich **die Welt als ein Ganzes** betrachten, die sich in einem ewigen Spiel von ungeordnet zu geordnet und wieder zurück zum uranfänglichen Chaos befindet.. Ein Spiel, das nicht nur in Äonen hintereinander stattfindet, sondern auch gleichzeitig! Schon Goethe wußte und sagte: "*Denn nicht nur das geeinte zu entzweien (…) ist das Leben der Natur, sondern auch das Entzweite zu einigen: dies ist die ewige Systole und Diastole (…), das Ein- und Ausatmen der Welt, in der wir leben und weben und sind.*"

In dieses Ganze paßt dann auch Robert Sheldrake mit seinen morphogenetischen Feldern, die ganze Quantenphysik, Plank, Heisenberg und Einstein hinein, Ken Wilber als Prophet der Evolution, Hildegard von Bingen, die sagte:

„Jedes Element hat seinen eigenen Klang, einen Urklang aus der Ordnung Gottes. All dieses Tönen aber vereinigt sich zu einem großen Zusammenklang wie von Harfen und Zithern."

Und gut passend ist auch das Statement von Claude Debussy:

„Die Musik ist eine geheimnisvolle Mathematik, deren Elemente am Unendlichen teilhaben. Sie lebt in der Bewegung des Wassers, im Wellenspiel wechselnder Winde."

Und ganz besonders liebe ich das Wort von Alexander Block „Über die Bestimmung des Dichters":

„In den bodenlosen Tiefen des Geistes, wo der Mensch aufhört, Mensch zu sein, in Tiefen, die den Geschöpfen der Zivilisation – dem Staat und der Gesellschaft – unzugänglich sind, schweben Klangwellen, die gleich den das ganze Weltall umfangenden Ätherwellen sind; dort kommt es zu

rhythmischen Schwingungen, ähnlich jenen Prozessen, die Gebirge, Wind, Meeresströmungen, Pflanzen und Tiere hervorbringen."

Ich kann hier nicht alles wiedergeben, was in diesem Buch an Erhellendem über die Dialektik des Entstehens und Vergehens, über Transformation und Metamorphose gesagt und zitiert ist. Für den Leser, der sich mit den Mythen der Weltentstehung beschäftigt, aber auch denjenigen, der sich als Biologe oder Physiker den Geheimnissen des Lebens nähert, eröffnet sich eine beglückende Gesamtschau der Schöpfung, in der das **Prinzip der ewigen Wiederkehr** triumphiert.

Nur so viel als Resümee, wieder mit Goethe:

„Die Natur überschreitet die Grenze, die sie sich selbst gesetzt hat, aber sie erreicht dadurch eine andere Vollkommenheit."

Warum soll mir da bang sein vor dem, was nach dem Tod kommt? Die Wahrscheinlichkeit, daß damit alles aus ist, halte ich für verschwindend gering angesichts der unendlichen Fülle von Wundern, denen ich hier schon ahnungsvoll begegnen darf.

Und für den Rest meines Lebens habe ich die Gelassenheit hinzu gewonnen, mich nicht mehr um materielle Divergenzen, um jeden Streit um Worte und Begriffe, jede Kontroverse in der Welt der dualen Gesetzmäßigkeit zu erregen, denn ich weiß ja, daß dies alles nur ein unwichtiges Geplänkel im Vordergrund ist, in der kosmischen Wirklichkeit der Ganzheit dagegen aufgehoben und damit bedeutungslos geworden ist.

Lieber Leser, ich hoffe auf Dein Verständnis, wenn ich jetzt meine Suche nach der verschwundenen Seele meiner geliebten Frau auch als beendet erkläre. Will sagen: ich versuche es auszuhalten, daß hier auf dem Planeten ein Unvollendetes für uns unvollendet bleiben darf, trotz aller Neugier. So habe ich vielleicht das beste Argument, daß die für uns sichtbare und in so weit auch verstehbare Schöpfung ganz dringend und elementar einer „übersinnlichen" Ergänzung bedarf, sozusagen ein zwingendes Unterpfand für die Existenz eines Jenseits, dessen Dimensionen aber unseren irdischen Erkenntnishorizont weit übersteigen.

Wenn Du meinen Optimismus, der mir mit meiner neuen universalen Weltsicht geschenkt wurde, nicht teilen kannst oder möchtest, präsentiere ich Dir noch einmal einen meiner Gewährsleute, Albert Einstein:

„Falls Gott die Welt geschaffen hat, war seine Hauptsorge sicher nicht, sie so zu machen, daß wir sie verstehen können."

Ja, lieber Leser, Du bist vielleicht etwas überrascht, so plötzlich aus meiner *Weise von Liebe und Tod* entlassen zu werden. Ich hoffe aber, daß Du genügend Anregungen bekommen hast, um Dich alleine den spirituellen Pfad ins Jenseits weiter voran zu tasten, dort, wo unsere Sinne sich als absolut unbrauchbar erweisen, der Sinn des Seins sich dafür um so heller und strahlender herauskristallisieren wird.

Dazu begleiten Dich meine besten Wünsche mit dem schönen Kanon, den die Pilger auf dem Jakobsweg zu singen pflegen:

Wechselnde Pfade,
Schatten und Licht!
Alles ist Gnade.
Fürchte Dich nicht!

Ausklang.

Von einer lieben, mir nahestehenden Kritikerin wurde mir einmal vorgeworfen, daß ich ein Problem mit dem Aufhören hätte, immer noch eins draufsetzen müsse. Ja, sie hat recht. Aber ich verweise auf die Realität des Lebens: so lange sich dieser Planet dreht (und mit einiger Sicherheit auch noch weit darüber hinaus), wird in jeder Sekunde so viel Neues geboren, daß jeder Einzelne nur eine sehr blasse Vorstellung davon haben kann. Nur ganz Weniges davon wird ihn unmittelbar selbst betreffen, wird sozusagen bis zu ihm durchdringen, ihn voll treffen. Meine Erfahrung ist aber jedenfalls, daß man sich gar nicht so gut verstecken kann, daß man von dem, was einem „aufgesetzt" ist, nicht erreicht wird. Und so fühle ich mich jetzt aufgefordert, den Griffel noch einmal in die Hand zu nehmen, um von der Zuspielung des Materials für den Schluß meiner Betrachtung zu berichten, die sich vor wenigen Tagen ereignet hat.

Anlaß dazu gab mir noch einmal die Muse, die ihren Ursprung im griechischen Götterhimmel schon im Namen der nach ihr benannten Kunst verkündet, die Musik. Und das Stichwort heißt: ***URLICHT.***

Ich vermute, daß Dir dieses Stichwort zunächst nicht viel sagen wird, was durchaus keine Schande ist. Mir ist es zum ersten Mal vor sicher mindestens dreißig Jahren begegnet in einer fulminanten Aufführung der zweiten Sinfonie von Gustav Mahler in der Berliner Philharmonie: der sogenannten Auferstehungs-Sinfonie, die ich zusammen mit meiner Frau erleben durfte. Vor ein paar Tagen übertrug der Bayerische Rundfunk in seinem Klassik-Programm diesen gewaltigen Koloß von Musik, für den ich keine annähernd hinreichende Charakterisierung finde. Soweit ich weiß, ist es die einzige Sinfonie, die fünf Sätze hat und eine der wenigen, in der die

Vox humana eine der tragenden Säulen ist. Und ich habe bei Google gelernt, daß Mahler das Ziel verfolgte, mit dieser Sinfonie eine Verschmelzung aller musikalischen Materialien zu einem Universalkunstwerk zu erreichen. Ich kann nur empfehlen, sich mit diesem epochalen Werk intensiver zu befassen.

Mir geht es hier aber weniger um die musikgeschichtliche Bedeutung, sondern um eine Deutung dieses Bausteines als Abschluß meiner *Weise von Liebe und Tod,* die ja unversehens über den Rahmen eines individuellen Nachrufs ein Stück weit ins Generelle hinausgewachsen ist. Groteskerweise wird der Tod damit aber erstrecht ungemein persönlich, denn er meint letztlich immer den Einzelnen, also mich und Dich, den „Jedermann" des Hugo von Hofmannsthal. So wie es wohl auch Gustav Mahler mit seiner Auferstehungssinfonie gesehen hat. ***Sterben werd ich, um zu leben*** aus dem Gedicht von F. G. Klopstock, das er als Motto im fünften Satz als Verheißung für eben Jedermann einsetzt und in einer machtvollen Apotheose ausklingen läßt. Bedeutsam ist dabei, daß Mahler von dem Gedicht von Klopstock nur zwei Strophen verwendet, den Rest aber selbst ergänzt hat und sich dabei ganz von der damals üblichen martialischen Schilderung des „letzten Gerichts" abwendet. In dem Booklet zu der Aufnahme des Werks unter dem Dirigat von Christoph Eschenbach heißt es: *„Auferstehen , ja auferstehen wirst du! Da erscheint die Herrlichkeit Gottes! Ein wundervolles, mildes Licht durchdringt uns bis an das Herz – Alles ist stille und selig! – Und siehe da: es ist kein Gericht – Es ist kein Sünder, kein Gerechter – kein Großer und kein Kleiner – Es ist nicht Strafe und nicht Lohn! Ein allmächtiges Liebesgefühl durchleuchtet uns mit seligem Wissen und Sein!"*

Der eigentliche Berührungspunkt zu meinem Thema liegt aber schon davor im vierten Satz, der mit ***Urlicht*** überschrieben ist. Es handelt sich um ein Gedicht aus *Des Knaben Wunderhorn,* das von einer Alt-Stimme gesungen wird und zum Dreh- und Angelpunkt der ganzen Sinfonie wird. Mahler schrieb selbst dazu: „Das Urlicht ist das Fragen und Ringen der Seele um Gott und um die eigene göttliche Existenz über dieses Leben hinaus“. Der Text des Lieds, das die Herkunft aus einer Sammlung von Liedern aus dem deutschen Volksliedschatz des achtzehnten Jahrhunderts (Romantik) nicht verleugnen kann, lautet:

O Röschen rot,
Der Mensch liegt in größter Not,
Der Mensch liegt in größter Pein,
Je lieber möchte ich im Himmel sein.
Da kam ich auf einen breiten Weg,
Da kam ein Engelein und wollt mich abweisen.
Ach nein, ich ließ mich nicht abweisen!
Ich bin von Gott und will wieder zu Gott,
Der liebe Gott wird mir ein Lichtchen geben
Wird leuchten mir bis in das ewig selig` Leben.

In sehr einfachen Worten ist hier eine Kosmogonie angesprochen, in der die ganze Schöpfung aus dem Urlicht entstanden ist, und in der **Licht die Spur ist, auf der wir wieder in das Ewige zurückkommen.** Man muß es in die musikalische Sprache von Mahler übersetzt hören, um sich von dem tiefen Gehalt, dem kindlichen Glauben und Vertrauen, die seiner Musik entströmen, ergreifen zu lassen. Wie viel davon ist uns Heutigen schon verlorengegangen! Ich bin davon überzeugt, daß meine liebe Frau während ihres Herzstillstands diesem Urlicht schon von Ferne begegnet ist, und glaube, daß es auch uns einst begleiten wird auf unserem Weg in die Helle, in die Erleuchtung und **an das Ende aller Fragen.**

Dieses mir zugeflossene, neu gefestigte Vertrauen wollte ich Dir, lieber Leser, als eine Art spirituelles Abschiedsgeschenk zu meiner Weise von Liebe und Tod unbedingt gerne noch mitgegeben haben.

In diesem Sinne wünsche ich Dir noch einmal von Herzen eine gelingende und bereichernde Fahrt mit Deinem Lebensschiffchen durch das/die Fluten des Lebens und eine glückliche Ankunft am anderen Ufer!

Manfried Fischer

Bernried, im Juli 2018

Die Liebe hört nie auf.
Paulus, 1 Kor 13

Nach einem erfüllten, an Höhen und Tiefen
reichen Leben hat sich meine geliebte Frau,
unsere Mutter und Großmutter

Marianne Fischer

geborene Goertz

* 22.08.1932 † 07.08.2017

für immer von Bord unseres fröhlichen
Familienschiffes verabschiedet. Sie beschenkte uns
reich mit einem Herzen voller Liebe und war
– trotz langer schwerster körperlicher
Beeinträchtigung – ein leuchtendes Beispiel
an Lebensmut und Lebensfreude.

Wir verneigen uns in tiefer Dankbarkeit.

Manfried Fischer

Veronica mit **Christoph**, **Lara** und **Jonas**

Stephan mit **Vreni**, **Jacob** und **Valerie**

Nico mit **Hübi**

Claudia mit **Ingo**, **Alica** und **Felix**

Ludi Goertz mit Familie

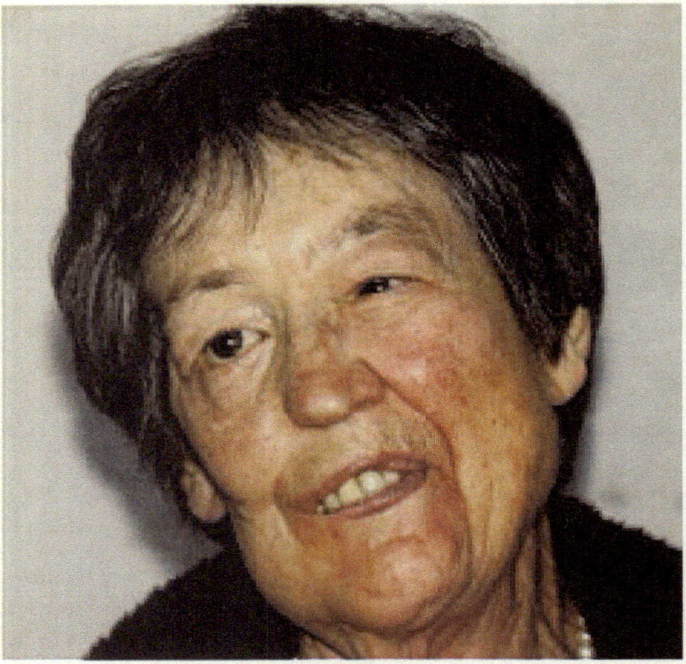

Die Trauerfeier mit Urnenbeisetzung findet
statt am 85. Jahrestag ihrer Geburt
am 22. Aug. 2017 um 11:00 Uhr
in der Hofmarkskirche (Friedhofskirche)
in Bernried.

Anschließend laden wir, wie es auch ihr
Wunsch war, zu einem Abschiedsessen in
das Restaurant Marina am Yachthafen ein;
bitte lasst uns wissen, ob Ihr teilnehmen könnt.

Es empfiehlt sich, auf den ausreichend vorhandenen
Parkplätzen vor der Marina zu parken, da beim
Friedhof keine Stellplätze vorhanden sind
(3 min. Fußweg zur Kirche).

Bitte keine Trauerkleidung!
An Stelle von Blumenschmuck bitten wir im Sinne
von Marianne um eine Spende für eine Schule und
Krankenstation in Uganda:
S.T.E.P. Uganda e.V. – Stichwort ‚Nanne'
IBAN DE02684522900077066835

Traueradresse:
H.F. Fischer, Hapberger Weg 3, 82347 Bernried,
08158/ 906730

Engelbild von Jonas (7 Jahre) für Nanne

Beerdigung von Marianne Fischer

22. August 2017, 11.00 Uhr, Hofmarkskirche Bernried

Musik vom CD-Player

Zu Beginn	Jan Garbarek: Parce mihi domine (6:42)!	CD
Liturg. Eröffnung Begrüßung		Robert
Kyrie		Robert
„Vita“	Vier Blicke auf das Leben von Marianne Fischer Einleitung (Lebensspanne) RI, dann vier Beiträge aller Kinder	
Musik	David Orlowsky Trio: Chronos (Juli?)	CD
Tagesgebet		Robert
Text	Mysterium	Manfried (Wolfgang)
Psalm	Nach Psalm 126 „Wenn Gott uns heimführt“	Hildegard
Musik	Noch offen	CD
Hl. Schrift	1 Kor 13 – Das Hohelied	Robert
Ansprache		Robert
Lied	Nun danket all (GL 403) – auf Faltblatt	Alle
VERABSCHIEDUNG vor dem Sarg	Gedanke von Willigis Jäger Verabschiedungsgebet Ruf „Zum Paradies…“	Robert
Auszug / Prozession	Händel: „Halleluja“	CD

	Über den Friedhof direkt auf die Straße (nicht Torbogen-Runde!)	
Segnung des Grabes		Robert
Beisetzung	Gebet Einsenken des Sarges Riten: Weihwasser/Erde/Kreuz (NB! Kein Weihrauch)	Robert
Fürbitten Vater Unser		
Schlussgebet/Segen		Robert

ALBERT EINSTEIN: DIE LIEBE IST DIE QUINTESSENZ DES LEBENS

Liebe Lieserl,
als ich die Relativitätstheorie vorschlug, verstanden mich nur sehr wenige Menschen, und was ich Dir jetzt schreibe, wird ebenso auf Missverständnisse und Vorurteile in der Welt stoßen.
Ich bitte Dich dennoch, daß Du dies, die ganze Zeit, die notwendig ist, beschützt – Jahre, Jahrzehnte, bis die Gesellschaft fortgeschritten genug ist, um das, was ich Dir hier erklären werde, zu akzeptieren.
Es gibt eine extrem starke Kraft, für die die Wissenschaft bisher noch keine Formel gefunden hat. Es ist eine Kraft, die alle anderen beinhaltet, sie regelt, und die sogar hinter jedem Phänomen steckt, das im Universum tätig ist und noch nicht von uns identifiziert wurde. Diese universelle Kraft ist Liebe.
Wenn die Wissenschaftler nach einer einheitlichen Theorie des Universums suchten, vergaßen sie bisher diese unsichtbare und mächtigste aller Kräfte.
Liebe ist Licht, da sie denjenigen erleuchtet, der sie aussendet und empfängt. Liebe ist Schwerkraft, weil sie einige Leute dazu bringt, sich zu anderen hingezogen zu fühlen. Liebe ist Macht, weil sie das Beste, das wir haben, vermehrt und nicht zuläßt, daß die Menschheit durch ihren blinden Egoismus ausgelöscht wird. Liebe zeigt und offenbart sich. Durch die Liebe lebt und stirbt man. Liebe ist Gott, und Gott ist die Liebe.
Diese Kraft erklärt alles und gibt dem Leben einen Sinn. Dies ist die Variable, die wir zu lange ignoriert haben, vielleicht, weil wir vor der Liebe Angst haben. Sie ist schließlich die einzige Macht im Universum, die der Mensch nicht nach

seinem Willen steuern kann. Um die Liebe sichtbar zu machen, habe ich eine meiner berühmtesten Gleichun-gen genutzt. Wenn wir anstelle von E = mc2 die Energie akzeptieren, um die Welt durch Liebe zu heilen, kann man durch die Liebe multipliziert mal Lichtgeschwindigkeit hoch Quadrat zu dem Schluß kommen, daß die Liebe die mächtigste Kraft ist, die es gibt. Denn sie hat keine Grenzen.
Nach dem Scheitern der Menschheit in der Nutzung und Kontrolle über die anderen Kräfte des Universums, die sich gegen uns gestellt haben, ist es unerläßlich, daß wir uns von einer anderen Art von Energie ernähren. Wenn wir wollen, daß unsere Art überleben soll, wenn wir einen Sinn im Leben finden wollen, wenn wir die Welt und alle fühlen-den Wesen, die sie bewohnen, retten wollen, ist die Liebe die einzige und die letzte Ant-wort.
Vielleicht sind wir noch nicht bereit, eine Bombe der Liebe zu bauen, ein Artefakt, das mächtig ge-nug ist, alles, was den Planeten plagt an Haß, Selbstsucht und Gier zu zerstö-ren. Allerdings trägt jeder Einzelne in sich einen kleinen, aber leistungsstarken Generator der Liebe, dessen Energie dar-auf wartet, befreit zu werden.
Wenn wir lernen, liebe Lieserl, diese universelle Energie zu geben und zu empfangen, werden wir herausfinden, daß die Liebe alles überwindet, alles transzendiert und alles kann, denn die Liebe ist die Quintessenz des Lebens.
Ich bedauere zutiefst, nicht in der Lage gewesen zu sein, das auszudrücken, was mein Herz enthält: Mein ganzes Leben hat es leise für Dich geschlagen. Vielleicht ist es nun zu spät, mich zu entschul-digen, aber da die Zeit relativ ist, muß ich Dir wenigstens jetzt sagen, daß ich Dich liebe, und daß ich durch Dich zur letzten Antwort gekommen bin.
Dein Vater Albert Einstein

Mysterium

Wie die meisten von Euch wissen, hat Nanne zwei Leben gehabt, denn sieben Jahre nach unserer Hochzeit brachte sie ein Gehirntumor buchstäblich an den Rand des Grabes. Nach 4stündiger Operation ist sie ein erstes Mal dem Tod begegnet, konnte aber reanimiert werden und hat ein zweites Leben geschenkt bekommen, das jetzt nach fünfzig Jahren friedlich zu Ende gegangen ist.

Zu diesem an sich schon seltenen Ereignis gibt es eine Vision, die Nanne schon zehn Jahre vorher in unserer siebenjährigen Wartezeit aufeinander vor unserer Ehe hatte; wir haben sie als das Mysterium unserer Liebe betrachtet und Nanne hat sie in einem unserer zahlreichen Liebesbriefe aufgeschrieben. Diesen Absatz möchte ich Euch jetzt vorlesen.

Das Buch „Stürmischer Frühling" habe ich inzwischen ausgelesen und fand es recht interessant und spannend. Weißt Du auch, daß das, was ich so oft denke und ja auch schon ausgesprochen habe, in diesem Buch durch Mara gesagt wird?! Nämlich: „Jede Frau, die liebt und geliebt wird, muß ein großes Opfer an das Leben oder an die Götter bringen. Sie werden das noch erleben, daß es ohne Opfer keine Liebe gibt."… Es ist im Grunde das, was ich fühle. Unsere Liebe ist etwas so Ungeheures, etwas so unfaßlich Schönes und Beglückendes, daß ich glaube, es durch irgend etwas Schweres, ja durch ein großes Opfer einmal verdient machen zu müssen. Allein aus Gründen der Gerechtigkeit anderen unglücklichen Menschen gegenüber..

Verstehst Du mich? Aber ja, Du verstehst mich. Ich habe nicht etwa Angst davor, nein ganz bestimmt nicht. Ich wünsche mir nur, daß wir dieses Schwere, wenn es so sein soll, einmal gemeinsam trage dürfen.

Verzeih Liebster, daß ich Dir so dunkle Gedanken schreibe, jetzt, da alles so wunderbar hell und schön ist. Aber es ist wohl gerade, weil es so unfaßlich schön ist, daß ich dann schon einmal meine, so kann es ja gar nicht weiter gehen.

Deine glückliche Marianne.

Ihr wißt, daß es genau so gekommen ist, und daß wir beide diese unsere Geschichte mit einem eindeutigen „Ja“ akzeptiert und ohne Klagen gelebt haben.

Genau das, so meine ich, will auch unsere nächste Musik ausdrücken.

Psalm 126 (nach Martin Gutl, gekürzt)

Wenn Gott uns heimführt aus den Tagen der Wanderschaft,
uns heimbringt aus der Dämmerung in sein beglückendes Licht,
das wird ein Fest sein!
Da wird unser Staunen von neuem beginnen.
Wir werden singen, tanzen und fröhlich sein:
denn Er führt uns heim: aus dem Hasten in den Frieden, aus der
Armut in die Fülle.
Wenn Gott uns heimbringt aus den Tagen der Wanderschaft,
das wird ein Fest sein
Ein Fest ohne Ende!

Lesung aus dem ersten Brief des heiligen Apostels Paulus an die Korinther

Ich zeige euch jetzt noch einen anderen Weg, eine Weg der alles übersteigt.
Wenn ich in den Sprachen der Menschen und Engel redete,
hätte aber die Liebe nicht,
wäre ich dröhnendes Erz oder eine lärmende Pauke.
Und wenn ich prophetisch reden könnte
und alle Geheimnisse wüsste
und alle Erkenntnis hätte; /
wenn ich alle Glaubenskraft besäße und Berge damit versetzen könnte,
hätte aber die Liebe nicht,
wäre ich nichts.
Und wenn ich meine ganze Habe verschenkte
und wenn ich meinen Leib dem Feuer übergäbe,
hätte aber die Liebe nicht,
nützte es mir nichts.
Die Liebe ist langmütig, die Liebe ist gütig.
Sie ereifert sich nicht, sie prahlt nicht, sie bläht sich nicht auf.
Sie handelt nicht ungehörig, sucht nicht ihren Vorteil,
lässt sich nicht zum Zorn reizen, trägt das Böse nicht nach.
Sie freut sich nicht über das Unrecht, sondern freut sich an der Wahrheit.
Sie erträgt alles, glaubt alles, hofft alles, hält allem stand.
Die Liebe hört niemals auf.
Prophetisches Reden hat ein Ende, Zungenrede verstummt,
Erkenntnis vergeht.
Denn Stückwerk ist unser Erkennen, Stückwerk unser prophetisches Reden;
wenn aber das Vollendete kommt, vergeht alles Stückwerk.

Als ich ein Kind war, redete ich wie ein Kind,
dachte wie ein Kind und urteilte wie ein Kind.
Als ich ein Mann wurde, legte ich ab, was Kind an mir war.
Jetzt schauen wir in einen Spiegel und sehen nur rätselhafte Umrisse,
dann aber schauen wir von Angesicht zu Angesicht.
Jetzt erkenne ich unvollkommen,
dann aber werde ich durch und durch erkennen,
so wie ich auch durch und durch erkannt worden bin.
Für jetzt bleiben Glaube, Hoffnung, Liebe, diese drei;
doch am größten unter ihnen ist die Liebe.

Fürbitten am Grab

1. Herr, wir sind dankbar für die Liebe, die Marianne uns in so großer Fülle geschenkt hat.
   Wir bitten Dich, daß diese Liebe in unseren Herzen spürbar bleibt und wir sie weitergeben können.
2. Herr, wir sind dankbar für die Kraft und Liebe, die Manfried Marianne und uns Kindern all die vielen Jahre gegeben hat.
   Wir bitten Dich, laß ihn Deinen Beistand spüren und vertrauensvoll seinen Lebensweg fortsetzen.
3. Herr, unsere Familie hat durch die Begleitung unserer Marianne in den Tod sehr viel Liebe und Nähe füreinander erfahren dürfen.
   Wir bitten Dich, daß uns diese Erfahrung stärkt und füreinander dasein läßt.
4. Herr, für viele Menschen war Marianne ein leuchtendes Beispiel für Lebensmut und Lebensfreude.
   Wir bitten Dich für alle Freunde und Wegbegleiter, die jetzt mit uns um unsere Marianne trauern: schenke ihnen Mut für ihr eigenes Leben.
5. Herr, Marianne ist mit großer Zuversicht und ohne spürbare Angst aus dem Leben gegangen. Wir bitten Dich für unsere Marianne und alle Verstorbenen, daß sie jetzt bei Dir im Licht sind.
6. Herr, unser aller Leben ist begrenzt. Wir bitten Dich, begleite Du uns alle bei diesem letzten Schritt.

2 Ermuntert euch und singt mit Schall / Gott, unserm höchsten Gut, / der seine Wunder überall / und große Dinge tut.

3 Er gebe uns ein fröhlich Herz, / erfrische Geist und Sinn / und werf all Angst, Furcht, Sorg und Schmerz / in Meerestiefen hin.

4 Er lasse seinen Frieden ruhn / auf unserm Volk und Land; / er gebe Glück zu unserm Tun / und Heil zu allem Stand.

5 Solange dieses Leben währt, / sei er stets unser Heil, / und wenn wir scheiden von der Erd, / verbleib er unser Teil.

6 Er drücke, wenn das Herze bricht, / uns unsre Augen zu / und zeig uns drauf sein Angesicht / dort in der ewgen Ruh.

T: Paul Gerhardt 1647, M: Johann Crüger 1653 nach Loys Bourgeois 1551

„Vielleicht sind wir noch nicht bereit, eine Bombe der Liebe zu bauen, ein Artefakt, das mächtig genug ist, alles, was den Planeten plagt an Haß, Selbstsucht und Gier zu zerstören. Allerdings trägt jeder Einzelne in sich einen kleinen, aber leistungsfähigen, Generator der Liebe, dessen Energie darauf wartet befreit zu werden. Wenn wir lernen, diese universelle Energie zu geben und zu empfangen, werden wir herausfinden, daß die Liebe alles überwindet, alles transzendiert und alles kann, denn die Liebe ist die Quintessenz des Lebens."

Albert Einstein

Marianne Fischer

* 22.8.1932 † 7.8.2017

Es war eine überwältigende Welle der Liebe, die das Urnenschiffchen mit der Asche unserer lieben Nanne zu ihrem letzten irdischen Ankerplatz getragen hat. So wurde die Feier ihrer Überfahrt zum anderen Ufer für uns zu einem unvergeßliches Freudenfest.

Allen, die dazu beigetragen und uns Mitgefühl und Trost gespendet haben, möchte ich im Namen aller Angehörigen ein herzliches Dankeschön sagen.

Manfried Fischer

Die Liebe hört nie auf.
Paulus, 1 Kor 13

GRABZEICHEN FAMILIE FISCHER • FRIEDHOF BERNRIED • M 1:10
ABTEILUNG 007 • REIHE 002 • GRABNUMMER 007A
HÖHE CA. 165 CM. • BREITE CA. 65 CM

Grabzeichen Fischer, Bernried

Eine Bewertung des Entwurfs für ein Grabzeichen ist wohl in erster Linie eine Frage des optischen Eindrucks, also eine Geschmacksfrage; auch die Frage der Einpassung in die Umgebung und die örtlichen Gepflogenheiten wird eine Rolle spielen. Es dürfte aber sicher auch nicht ganz unwichtig sein, nach der inhaltlichen Aussage und der künstlerischen (Be-)Deutung zu fragen.

Dazu möchte ich als Ideengeber für den vorliegenden Entwurf eine kleine HANDREICHUNG geben,

Bei der Gestaltung des Grabmals hatte ich eine doppelte Zielsetzung im Kopf:

Erstens die Verbindung zu der hier begrabenen Person, also den Versuch, in dem „Denkmal“ eine Erinnerung an etwas Wesentliches, was sie ganz persönlich kennzeichnete, herzustellen.

Zweitens eine Botschaft auszusenden, die etwas darüber aussagt, wie dieses individuelle Leben im Gefüge des Gesamtkosmos, also in der göttlichen Schöpfung, eingebettet ist.

Die erste Zielsetzung soll durch den **Opalstein in Form eines aufgebrochenen Herzens** erreicht werden. Er ist ein Auswurf des Vulkans *Teide* in Teneriffa, wo er in dessen Caldera gefunden wurde. Ich habe ihn dort in einem Schmuckladen gefunden und erworben als Geschenk für meine Frau und ihn ihr überreicht mit dem von Bruce Marschall entlehnten Titel seines Buches **„Alle Herrlichkeit ist innerlich“**, im Sinn: der Verlust äußerlicher Schönheit wird aufgewogen von der Schönheit im geöffneten Herzen, als Symbol überströmender Liebe. Und ich bin mir sicher, daß meine Frau ihr Leben nach ihrer Behinderung auch so verstanden hat. Der Opal wurde übrigens auch schon in der Antike als Schmuckstein und Symbol der Liebe gesehen.

Die zweite Zielsetzung **„Botschaft“** sehe ich erfüllt in der **Einbettung des individuellen Lebens in die umgebende Schöpfung, in der das einzelne Leben sich entfalten soll**. So wie ein Stein, der ins Wasser geworfen wird, Kreise zieht, Verbindungen eingeht, Schwingungen aussendet und Resonanz erzeugt. Gemeint ist damit die Erkenntnis der Quantenphysik, daß der Mensch im Geflecht der Schöpfung nicht nur Beobachter, sondern Mitwirkender Ist, ein Teil des Ganzen.

Die verbindenden Kreise symbolisieren das kosmische Geflecht, etwa im biblischen Bild vom Wehen des Geistes Gottes über dem Urozean (Genesis 1). Hervorgehoben ist die goldunterlegte Lemniskate, die liegende Acht als das Zeichen der Ewigkeit, Aussage: **Das Leben und die Liebe enden nie/ Ewiges Leben.**

Der dritte Bestandteil, die Basaltsäule aus Vietnam, ist auch ein Geschenk aus dem feurigen Schoß der Erde, das über verschlungene Pfade zu uns gefunden hat und für meine Frau hohe Strahlkraft besaß.

Diese Gedanken sind in meinem demnächst erscheinenden Buch ***„Die Königin von Saba, eine Weise von Liebe und Tod“*** *ausführlicher dargestellt.*

Manfried Fischer
Bernried, 24.6.2018

Inhaltsverzeichnis

Dokumentation / Inhaltsverzeichnis

Von Manfried Fischer sind beim Re Di Roma-Verlag erschienen:

"Den Wind in der Hand", mein Leben unter Segeln
ISBN 978-3-86870-346-7

Laurentiustränen
ISBN 978-3-86870-444-0

Glück und Glas
ISBN 978-3-86870-540-9

Leben im 20sten Jahrhundert
ISBN 978-3-86870-789-2

Achtung: Baustelle!
ISBN 978-3-86870-941-4

Nachlese
ISBN 978-3-96103-189-4